MENTES CRIATIVAS
PROJETOS INOVADORES

Biblioteca Aula

MUSA CIÊNCIA, TECNOLOGIA E INOVAÇÃO
Volume 1

Direção: Klaus de Geus

Conselho Editorial

HÉLIO GOMES DE CARVALHO | Núcleo de Gestão de Tecnologia e Inovação, Programa de Pós-Graduação em Tecnologia, Universidade Tecnológica Federal do Paraná – UTFPR

JOSÉ CLÁUDIO CYRINEU TERRA | Presidente da TerraForum Consultores; Professor da FIA – Fundação Instituto de Administração

KLAUS DE GEUS | Universidade Tuiuti do Paraná – UTP; Programa de Pós-Graduação em Métodos Numéricos em Engenharia – UFPR; Programa de Pesquisa e Desenvolvimento – COPEL

RUY FERNANDO SANT'ANA | FAE Centro Universitário; Instituto Ermínia Sant'Ana

SERGIO SCHEER | Programas de Pós-Graduação em Construção Civil (PPGCC) e Métodos Numéricos em Engenharia (PPGMNE); Pró-Reitoria de Pesquisa e Pós-Graduação e Direção Executiva da Agência de Inovação – Universidade Federal do Paraná – UFPR

Klaus de Geus

MENTES CRIATIVAS
PROJETOS INOVADORES
A arte de empreender P&D e inovação

© Copyright, Klaus de Geus.

CAPA | Teco de Souza, sobre Vermeer, *O Astrônomo*, 1668
DIAGRAMAÇÃO | Set-up Time Artes Gráficas
PREPARAÇÃO | Fernanda Rizzo Sanches
REVISÃO, ADEQUAÇÃO ORTOGRÁFICA | Vinícius de Melo Justo
IMPRESSÃO E ACABAMENTO | Gráfica Editora Parma
Livro revisto de acordo com o novo acordo ortográfico

Dados Internacionais de Catalogação na Publicação (CIP)
(Câmara Brasileira do Livro, SP, Brasil)

de Geus, Klaus
    Mentes criativas, projetos inovadores: a arte de empreender P&D e inovação / Klaus de Geus. — São Paulo: Musa Editora; Paraná, PR: Universidade Tuiuti do Paraná, 2010. (Coleção Musa, ciência, tecnologia e inovação).

    ISBN 978 85-7871-005-7 (Musa Editora)
    ISBN 987-85-88959-89-7 (Universidade Tuiuti do Paraná)

    1. Administração de empresas 2. Corporações 3. Criatividade 4. Empreendimentos 5. Inovação tecnológica 6. Liderança 7. Pensamento criativo 8. Pesquisa e desenvolvimento em inovações. I. Título. II. Série.

10-02490   CDD-658.4063

Índices para catálogo sistemático:

1. Criatividade e inovação : Pesquisa e desenvolvimento : Administração de empresas 658.4063
2. Inovação e criatividade : Pesquisa e desenvolvimento : Administração e empresas 658.4063

Todos os direitos reservados.

MUSA EDITORA
Rua Bartira 62/21
05009 000 São Paulo SP
Tel/fax (11) 3862 6435
www.musaeditora.com.br
www.musaambulante.com.br
www.anacandidacosta.blogspot.com
www.twitter.com/MusaEditora

IMPRESSO NO BRASIL, 1ª edição, 2010

Sumário

Prefácio 9
Prefácio do autor 11
Agradecimentos 14
Como ler este livro 15
Sonos outros 18
1 **Introdução** 19
    Crônicas corporativas 23
2 **Diferentes naturezas de empreedimentos** 25
    2.1 Nascendo para não ganhar dinheiro/ou ganhar muito dinheiro 26
    2.2 Medo de arriscar 27
    2.3 As classes de empresas e instituições 28
        2.3.1 As empresas privadas 28
        2.3.2 As empresas públicas 29
        2.3.3 As instituições de pesquisa 30
    2.4 A política 31
    2.5 O corporativismo 34
    2.6 O castigo dos empreendedores 35
    Crônicas corporativas 39
3 **Criatividade: conceitos, características e adjacências** 41
    3.1 O trabalho criativo 43
        3.1.1 Ambientes favoráveis à criatividade 45
        3.1.2 Persuasão e política 47

		3.1.3	Risco	48
	3.2	Pessoas criativas		49
	3.3	Liderança criativa		52
		3.3.1	Redefinindo o significado de "falha"	54
		3.3.2	Organização versus criatividade	55
		3.3.3	Avaliação profissional	56
	Crônicas corporativas			63
4	**A inovação científica e a criatividade**			65
	4.1	A compreensão da criatividade		67
	4.2	O caminho entre a criatividade e a inovação		69
	4.3	Indicadores de inovação científica		72
	Crônicas corporativas			79
5	**P&D – Pesquisa e Desenvolvimento**			81
	5.1	P&D: Mitos		81
	5.2	P&D: Conceitualização		84
		5.2.1	Lidando com o desconhecido	86
		5.2.2	A categorização da pesquisa: áreas, temas e linhas de pesquisa	88
	5.3	P&D: Programas		90
		5.3.1	Rigidez no controle	91
		5.3.2	Verba pública	92
		5.3.3	Descaracterização de P&D	93
	5.4	P&D: Gestão		95
		5.4.1	A inovação como meta	96
		5.4.2	Gestão de riscos	97
		5.4.3	Estratégia competitiva	100
		5.4.4	Prospecção tecnológica	103
		5.4.5	Technology roadmapping	104
		5.4.6	Indicadores de P&D	106

5.5 P&D: Estratégias 109
    5.5.1 Modelo *ad hoc* de programa de P&D 109
    5.5.2 Modelo proposto de programa de P&D voltado à inovação 111
    5.5.3 Modelo proposto de programa de P&D multidisciplinar voltado à inovação 114
    5.5.4 Carteira estratégica de P&D 115
    5.5.5 Escritório de projetos de P&D 120
    5.5.6 Parcerias entre empresas e instituições de P&D: Estratégias internas 123
5.6 Mudança de postura 126
Crônicas corporativas 126

6 Gestão de projetos de P&D e inovação 128
6.1 Projetos pés-no-chão 130
6.2 Projetos sonhadores 130
6.3 Projetos inovadores 133
6.4 Projetos altruístas 134
6.5 Projetos de experimentação 134
6.6 Matrizes 135
6.7 Um paralelo entre gestão de projetos industriais e de projetos de P&D 136
    6.7.1 A elaboração de um projeto 139
    6.7.2 O planejamento de um projeto 142
    6.7.3 A execução de um projeto 144
    6.7.4 O acompanhamento de um projeto 146
    6.7.5 A conclusão de um projeto 147
Crônicas corporativas 150

7 Um paralelo entre as artes e os negócios 52
7.1 Valor adicional 157
7.2 Prateleira de ideias 158

7.3	Experimentação	159
7.4	Potencial latente	161
7.5	Experiência e capacitação	162
7.6	Senso de estética	163
7.7	Perda de tempo – a criatividade está na cabeça	164
7.8	Analogias	165
7.9	Diversidade e equilíbrio	165
7.10	Competitividade e evolução	167
	Crônicas corporativas	169
8	**A carreira profissional e as diferentes culturas de gestão**	**171**
8.1	Regras e diretrizes	172
8.2	Caráter	172
8.3	Palcos e encenações	173
8.4	Cargos e atitudes	173
8.5	Prender ou aprender	174
8.6	Fazer parte do esquema	175
8.7	Arriscar: perder ou ganhar?	175
8.8	O decreto e a sinergia	176
	Crônicas corporativas	177
9	**Caso prático: a gestão de P&D em empresas públicas de serviço**	**179**
9.1	O modelo de programa de P&D	180
9.2	P&D feito em casa	180
9.3	Ambiente de trabalho	182
9.4	Liderança criativa	184
9.5	Experiência prática	186
9.6	Lições aprendidas	189
	Crônicas corporativas	191
10	**O futuro: revendo nossos próprios conceitos**	**193**
11	**Referências**	**200**
	Sobre o Autor	**205**

Prefácio

O excelente livro de Klaus de Geus é uma obra que merece a atenção não apenas por parte de empreendedores experientes e iniciantes, mas também do público em geral. Para os empreendedores trata-se de um alerta, uma vez que em um mundo cada vez mais dinâmico como o nosso, exigem-se constantes atualizações e revisões sobre procedimentos adotados no mundo empresarial. E para o público em geral o interesse da obra reside no fato de que este livro é um exemplo inspirador, pelos motivos que exponho a seguir.

Com muita frequência empresários consideram o meio acadêmico como um mundo de sonhos distantes da realidade do dia a dia do empreendedor. E igualmente frequente é o preconceito que o mundo acadêmico tem em relação a uma suposta falta de vontade de pensar por parte de administradores de empresas e empreendedores em geral. O fato é que a universidade tem muito a oferecer ao mundo empresarial, não apenas em termos de inovações tecnológicas, mas também de métodos de gestão. E o meio empresarial, por sua vez, oferece um ambiente real no qual os fenômenos sociais do empreendimento acontecem de fato. Não se faz teoria sem prática e não se faz a prática sem uma fundamentação teórica. A relação entre teoria e prática não é hierárquica. A relação entre teoria e prática é um acoplamento, uma rede, um emaranhamento entre ideias e ações.

A análise quantitativa para a administração de empresas, por exemplo, oferece ferramentas indispensáveis tanto para os megaempresários quanto para aqueles que querem abrir uma lanchonete em seu bairro. São ferramentas que variam da análise multivariada de dados à teoria das decisões, da pesquisa operacional às simulações computacionais, da matemática do cálculo diferencial e integral aos métodos estatísticos. A análise multivariada de dados é útil, entre outras coisas, para a identificação de padrões a partir de grandes volumes de dados. Afinal, como definir o perfil de um produto se não se conhece o perfil de sua potencial clientela? Já a teoria das decisões trata do emprego de ferramentas consagradas para a tomada de decisões racionais. Por exemplo, se uma empresa que realiza pesquisas de mercado estabelece um preço para um determinado estudo ou levantamento, como saber se a informação prestada vale realmente o que a empresa pede por ela? Já a pesquisa operacional, entre inúmeras funções, trata também de processos de otimização, essenciais em quaisquer negócios. E as simulações computacionais viabilizam um mundo virtual bem mais fácil de manipular e bem mais econômico do que o mundo real, permitindo que o administrador tenha uma visão preliminar sobre um potencial risco.

Mas aqueles que conhecem os métodos quantitativos aplicados à administração de empresas sabem também que a análise qualitativa é um alicerce do qual todos os métodos matemáticos, estatísticos e computacionais fundamentalmente dependem. Os melhores métodos quantitativos do ponto de vista matemático e computacional podem ser absolutamente ingênuos e irreais se não houver a experiência e a sensibilidade do administrador de empresas para sustentá-los. Analogamente, a intuição de um administrador de empresas pode ser grosseiramente falha sem o suporte de métodos racionais que frequentemente demandam o estudo realizado por equipes inteiras de pesquisadores que conhecem e aplicam matemática e estatística.

E tanto na intuição, sensibilidade e experiência do empresário quanto na concepção e desenvolvimento de métodos quantitativos estão inerentes a criatividade de indivíduos. Ou seja, Klaus de Geus toca em um assunto de extrema importância. Ele toca na estratégica questão que diferencia o obsoleto e o novo, o novo factível e o sonho desvairado, a tradição e a racionalidade. Ele trata da criatividade.

Klaus de Geus é um profissional com ampla experiência tanto no meio empresarial quanto acadêmico. Isso assegura ao autor uma posição privilegiada para colocar em discussão assuntos como os tratados na presente obra. É claro que não é possível esgotar o tema "criatividade" em um único livro, ainda que o foco da discussão seja voltado à administração empresarial. E não creio que o autor tenha essa pretensão. Mas uma obra instigante como esta certamente deve se firmar como um dos alicerces nas discussões e ações que visem a inovação no ambiente empresarial.

Adonai S. Sant'Anna
Professor Associado
Departamento de Matemática da Universidade Federal do Paraná

Prefácio do autor

Este livro consiste de uma visão pessoal sobre empreendimentos empresariais e sua relação com a criatividade e, por conseguinte, com a arte, seja ela latente em nossa mente, ou concretizada como obra.

Por esse motivo, resolvi escrever em forma narrativa, na primeira pessoa, pois achei que essa linguagem traria uma fluência mais adequada ao texto. Além disso, procuro encarar todas as questões aqui abordadas de maneira bem prática, não prescindindo, por isso, de fundamentação teórica, baseada em literatura científica, técnica, informal, prosaica, experimental ou até mesmo artística.

Resolvi também utilizar uma segunda linguagem por meio da qual é apresentado um texto paralelo intitulado "Crônicas corporativas", as quais constituem uma narrativa bastante informal, às vezes até um pouco rebelde, de experiências do ambiente corporativo. As crônicas aparecem ao término de cada capítulo em um quadro cinza. De qualquer maneira, esses relatos tratam de experiências reais presenciadas por mim ou por outras pessoas próximas. A intenção ao escrever as crônicas era justamente ilustrar e, se possível, evidenciar, sem rodeios, as artimanhas que se passam no ambiente corporativo e nas mentes dos seres humanos nele inseridos.

Minha formação é de engenheiro, apesar de sempre ter tido uma veia artística. Cheguei a pensar em fazer arquitetura, mas desisti no curso preparatório. Optei por engenharia por gostar de matemática. Depois, veio a frustração, e percebi que era necessário saber mais. Fiz mestrado e doutorado em ciência da computação, já que passei a trabalhar com isso mesmo antes de terminar a graduação. Claro, a computação me atraía por causa de sua natureza artística e criativa, mas não sei se eu sabia disso.

Depois que me formei, passei três anos e meio trabalhando numa multinacional, no Brasil e no exterior. A experiência no exterior era marcante, mas não evitava a frustração profissional. Parecia que eu não realizava nada, apenas seguia certas regras, certo padrão de conduta profissional. A primeira mudança aconteceu quando dei um basta nessa situação e fui fazer mestrado e doutorado, também no exterior. Foram anos de grande satisfação profissional, pois lidava com o estado da arte, dirigia meu próprio trabalho e estava livre para realizar.

Depois de cumpridos esses anos de grande satisfação profissional, voltei ao Brasil e engajei-me na vida acadêmica. Vi que o trabalho não seria exatamente aquilo que eu esperava. Comecei a desejar criar ou pelo menos ajudar a criar uma ligação mais forte entre a academia, a indústria e a sociedade. Queria provar que o que as pessoas da indústria falavam a respeito dos acadêmicos, que viviam apenas lidando com coisas teóricas e que não traziam benefício prático algum, não era verdade.

Veio a oportunidade de trabalhar numa instituição de pesquisa pertencente a uma empresa. Vislumbrei a oportunidade de fazer algo prático com ciência. Infelizmente, a conjuntura do país impôs algumas mudanças estruturais nos modelos das empresas, e meu sonho foi por água abaixo. Resignei-me a trabalhar na empresa, porém sem a função para a qual tinha sido contratado, a de pesquisador ou cientista, fazendo algo prático para a indústria e para a sociedade. Trabalhei com atividades normais da área de computação por alguns anos, tentando espantar o pensamento de frustração que me perseguia. Vez ou outra, publicava um artigo científico em algum veículo, nacional ou internacional, tomando por base os trabalhos desenvolvidos com meus alunos de mestrado. Eu havia continuado com um pé na universidade, como professor colaborador – aquele que não recebe para trabalhar.

No meio disso tudo, dava um jeito de extravasar minha necessidade de criar e empreender, fazendo uso, para tanto, de minha veia artística, que havia enterrado em algum canto no início de minha carreira profissional, e desenterrado assim que chegara à conclusão de que não dava para viver sem isso.

Fiz alguns trabalhos de artes plásticas, tudo muito simples, mas o bastante para me sentir criando algo. A música sempre permeou minha vida. Desde os quinze anos de idade sonhava em empreender um trabalho musical, que explorasse características inusitadas e que ao mesmo tempo tivesse um caráter estético e evocasse o sentimento. Mas a vontade de realizar aparentemente estava perdendo a batalha para o sentimento de incompetência, uma vez que música não era minha profissão ou minha principal atividade. Quisera eu tivesse me preparado para ser músico. Essa desculpa, na verdade, não significava nada, apenas um subterfúgio para eu me justificar por não fazer nada.

De repente acordei. Vi que o tempo havia passado, e que eu não iria crescer muito mais. Se era para fazer, tinha de ser agora, caso contrário a oportunidade iria se esvanecer num futuro esvaziador. Procurei como empreender o trabalho, consegui o apoio do Ministério da Cultura, escrevi o projeto e o empreendi em quatro anos. Fiz mais do que um trabalho musical, um trabalho com múltiplas linguagens artísticas.

Esse trabalho é relatado resumidamente neste livro como forma de traçar um paralelo entre o mundo artístico e o mundo dito profissional. A intenção é analisar como a natureza artística pode interferir e trazer benefícios para o mundo empresarial. Esse paralelo é muito importante neste trabalho, uma vez que traduz a essência de sua mensagem.

Este livro também preconiza a mudança de modelo de gestão corporativa vigente na maior parte das empresas do país. É necessário deixar um pouco de lado a natureza controladora e assumir uma postura voltada à inovação por meio da criatividade das pessoas. Defendo a ideia de que as pessoas criativas devem execer liderança, pois só assim as empresas poderão assumir um papel de catalisadoras do desenvolvimento. Hoje em dia, em meu dia a dia de profissional, eu estou em dois papeis aparentemente opostos entre si. Sou um "militante" da causa em uma empresa e ao mesmo tempo líder de outra empresa do setor acadêmico, onde posso colocar em prática as ideias relatadas neste livro, a saber, a de explorar a capacidade criativa das pessoas, conferindo-lhes a oportunidade de liderar. Até onde eu consigo perceber, essas ideias fazem sentido.

Outra iniciativa de cunho literário, voltada ao conhecimento, foi a criação de uma revista científica, multidisciplinar, com foco no setor energético. O intuito da revista é fomentar a inovação e o desenvolvimento tecnológico do setor.

Para completar a jornada, faltava apenas este livro, cuja essência já estava no forno havia algum tempo. Aliado às minhas novas atividades na gestão de pesquisa e desenvolvimento e na gestão acadêmica, este livro não só traduz o sonho de falar destemidamente sobre a arte de criar, mesmo num mundo cheio de regras como o da indústria, mas também a pavimentação de um caminho para transformar os esforços de pesquisa e desenvolvimento em inovações que realmente tragam valor à sociedade.

Com a mistura de linguagens inseridas no texto do livro, torna-se difícil categorizá-lo. Ao mesmo tempo que lança mão de bases científicas, faz reivindicações que podem ser consideradas como ensaios. Muito mais por esse motivo, não consigo prever como será sua receptividade no mercado. Talvez seja necessário passar ainda um tempo para que os conceitos aqui trabalhados se consolidem na cultura de gestão empresarial. Vou esperar.

Agradecimentos

Ao Adonai Sant'Anna pelas trocas de ideias, por sua experiência no mundo literário e, claro, pelo excelente prefácio. Ao Sergio Scheer pelo grande incentivo e pelo texto lisonjeador da orelha. Ao Ruy Fernando Sant'Ana pela sessão "Metrópolis". Ao amigo Roberto Mário Ziller pelas opiniões quanto ao conteúdo. Aos amigos e colegas da Universidade Tuiuti do Paraná pelo apoio. À Alessandra Dalla Lana por constantemente me perguntar "E o livro?", ao Paul Dalla Lana pelo interesse, troca de ideias e pela reportagem do "The Economist". Aos colegas empreendedores, os PDAUTs, PDVISes e PDRVs, e quantos PDs ainda houver, por compartilhar as lutas e pelos belos resultados alcançados. À CPQ pelas constantes contribuições. Não posso deixar de agradecer à editora, na pessoa de Ana Cândida Costa, pela sintonia e pelas excelentes contribuições.

À Mônica Sant'Anna Pelegrini de Geus, minha esposa, pela constante preocupação, por todas as suas sugestões e opiniões na revisão do conteúdo, e por se negar a receber agradecimentos pela paciência e pelo apoio, uma vez que o que ela queria mesmo, enquanto eu escrevia o livro, era que eu largasse esse negócio e ficasse com ela. Aos meus filhos Lucas Ludgero de Geus e Ian Pellegrini de Geus por serem meu alvo e minha motivação na busca por crescimento. E a Deus, de quem vem o meu crescimento.

Como ler este livro

Este livro é dirigido a profissionais e dirigentes envolvidos direta ou indiretamente com atividades voltadas à inovação. Dependendo de quem você for, do perfil profissional que tiver e de suas atividades no mundo empresarial ou mesmo no mundo acadêmico, você poderá se interessar por alguns capítulos do livro em particular. Para auxiliá-lo na tarefa de "ir direto ao assunto", farei primeiramente um resumo dos capítulos e, posteriormente, elaborarei um mapeamento entre os capítulos e os perfis dos leitores.

A introdução diz muito sobre o caráter de todo o texto. Portanto, aconselho que ela seja lida como se fosse uma espécie de ambientação ou familiarização com o assunto.

O capítulo 2 fala sobre os diferentes caracteres de empresas e instituições, e procura elucidar algumas questões e peculiaridades de sua natureza. Ele deve ser lido especialmente por aqueles que ainda não têm familiaridade com atividades criativas no contexto profissional e atividades relacionadas, tais como Pesquisa e Desenvolvimento (P&D) e inovação.

O capítulo 3 discorre sobre o funcionamento da criatividade, o perfil das pessoas criativas, como equipes criativas funcionam e como a liderança dessas equipes deve ocorrer. É um capítulo muito interessante para todos que desejam tirar frutos da criatividade.

O capítulo 4, sobre inovação e criatividade no contexto científico, é mais interessante a dirigentes empresariais que buscam a inovação em todas as esferas, e não necessariamente com base em P&D.

Já o capítulo 5, mais específico sobre P&D, deve interessar a instituições de pesquisa, universidades que queiram participar do processo de inovação de maneira prática e às empresas de maior porte que investem de uma forma ou de outra em P&D.

O capítulo 6 pode interessar a profissionais que empreendem projetos, além de dirigentes que baseiam fortemente suas atividades empresariais em carteiras de projetos.

O capítulo 7 traça um paralelo entre trabalhos artísticos e trabalhos empresariais, e será de particular interesse a profissionais criativos e todos aqueles que desejam aprender sobre a natureza artística e dela tirar benefícios em suas atividades.

O capítulo 8 é uma análise irônica de como funcionam certos ambientes de trabalho, e deve ser lido por profissionais criativos, para que eles estejam cientes do contexto onde se enquadram e estejam à vontade quanto à sua natureza e seus sonhos, além de dirigentes que estão sempre prontos a ouvir sobre as mazelas da organização e da estrutura social construída em torno da vida empresarial, e que têm vontade de mudar e criar um ambiente que seja realmente construtivo. Esse capítulo pode não ter importância aparente, mas pode ser muito bom para aqueles profissionais no início da carreira, que têm sonhos a concretizar, que são idealistas, que gostam de empreender e criar. Essas pessoas tendem a ser intrinsecamente ingênuas nessa fase de início de carreira, e podem cair em muitas ciladas. Eu considero esse capítulo 8, portanto, um alerta para que essas pessoas possam se resguardar de alguns males aos quais elas podem ser vulneráveis.

O capítulo 9 é um estudo de caso sobre um projeto de P&D desenvolvido numa empresa, e pode ser de interesse a profissionais envolvidos com atividades desse tipo, seja em instituições de pesquisa, universidades ou empresas, além de dirigentes que se preocupam em prover seus profissionais criativos de um ambiente propício à criatividade e à inovação.

O capítulo 10 traz algumas conclusões sobre a estrutura de trabalho vigente nas empresas e as mudanças que se fazem necessárias para alterar o rumo de empresas que desejam, além de sobreviver, ganhar mercado por meio da inovação. Deve ser lido especialmente pelos dirigentes dessas empresas.

A seguir você pode encontrar os capítulos que mais vão lhe interessar de acordo com seu perfil:

1. **Dirigentes de empresas envolvidas com P&D**: se você for um dirigente de uma empresa que busca a inovação ou está inserida num programa de P&D, após ter se familiarizado com o início do livro, você poderá prosseguir em sua leitura com o capítulo 3, sobre o funcionamento da criatividade, de equipes criativas e de liderança criativa, que é base para a compreensão de sua natureza. Esse capítulo, juntamente com o 4, sobre inovação, e o 5, sobre P&D, formam a base para seu perfil. Entretanto, aconselho a leitura do capítulo 7 que trata do paralelo entre trabalhos artísticos e empresariais. O capítulo 9

é uma boa ilustração sobre o que acontece numa empresa em atividades de P&D. É também importante a leitura do último capítulo como conclusão.
2. **Dirigentes de empresas que buscam a inovação**: se você for um dirigente de uma empresa que busca a inovação como forma de alcançar competitividade sustentada, é de particular interesse o capítulo 4 e o capítulo 6. Lembro, entretanto, que os capítulos 3 e 7 são também essenciais.
3. **Profissionais criativos**: se você for um profissional que deseja dar uma maior oportunidade à sua criatividade, você deve ler o capítulo-base sobre a criatividade, 3, e também os capítulos 4 e 5, pois falam sobre os contextos onde a criatividade pode gerar maiores frutos. O capítulo 6, sobre diferentes naturezas de projetos, pode ser de particular interesse, além do capítulo 7, para adquirir uma boa compreensão de como trabalhos artísticos ou simplesmente criativos podem ser valorizados no mundo empresarial.
4. **Profissionais envolvidos em atividades de P&D**: se você for um profissional cujas atividades se relacionam fortemente com P&D, tanto em empresas, instituições de pesquisa e universidades, você terá particular interesse nos capítulos 4 e 5, sobre inovação e P&D, respectivamente, além dos fundamentos sobre trabalhos criativos (capítulo 3) e do paralelo entre atividades artísticas e profissionais (capítulo 7). O capítulo 9 apresenta um estudo de caso de particular interesse para quem lida com P&D, especialmente em empresas.
5. **Cientistas e pesquisadores**: se você for um dirigente, um cientista ou um profissional de uma instituição de pesquisa ou universidade, você tirará muito proveito dos capítulos 3, 4 e 5 (Criatividade, Inovação e P&D, respectivamente), e dos capítulos 7 e 9 (Paralelo entre as artes e os negócios e Caso prático de P&D numa empresa, respectivamente).
6. **Leitor geral**: por fim, se você se interessou pelo assunto do livro e não tem uma demanda ou necessidade específica, sugiro não focar os trechos mais específicos, tais como a segunda parte do capítulo 4, sobre inovação científica, grande parte do capítulo 5, que trata muito especificamente de P&D, e o capítulo 9, que é um estudo de caso bem específico e que você poderá achar meio chato. O restante você poderá ler sem problemas, mas creio que gostará muito de ler o capítulo 3, sobre a criatividade, o capítulo 6, sobre projetos e o capítulo 7, que compara atividades criativas com as empresariais. Eu acho também que poderá gostar de ler as crônicas corporativas. Por esse motivo, eu tentei, na medida do possível, alinhar as crônicas aos assuntos abordados em cada capítulo.

Sonos outros

Estar de luto
ao realizar sonhos
e ficar mudo.
Que outros sonos?
Que sonhos outros preencherão meu sono diurno,
meu tino consciente,
minha consciência noturna,
minha percepção dormente?

Alguns veem as coisas como são e perguntam "por quê?"
Eu as vejo como nunca foram e pergunto "por que não?"

George Bernard Shaw

1 Introdução

"Ninguém é insubstituível". Esta é uma frase que ouvimos frequentemente no mundo corporativo, a qual preconiza a metodologia e a disciplina no desenvolvimento de atividades empresariais. Se houver um processo bem definido, que possa ser seguido à risca pelas pessoas que executam a tarefa, não há nada que venha prejudicar o bom andamento do empreendimento, nem sequer a ausência de uma determinada pessoa. Num mundo empresarial baseado em processos teoricamente perfeitos, basta substituir uma peça faltante ou que venha a falhar para que tudo volte ao seu bom andamento. Nosso papel, de acordo com a gestão industrial, é nos tornar a nós mesmos substituíveis, tanto quanto possível, para que não venhamos fazer falta quando por um ou outro motivo faltarmos. Conseguir ser substituível pode ser considerado, sob um certo ponto de vista, como uma plataforma de defesa pessoal, pois, havendo substitutos, podemos teoricamente nos desvencilhar de nossos papéis e ingressar em outros quando conveniente.

No mundo empresarial moderno, as pessoas são peças que podem ser facilmente substituídas, uma vez que tudo é baseado em processos bem definidos, inexoráveis. É o paradigma da revolução industrial, onde tudo se sabe, sabe-se aonde se quer chegar e a maneira como fazê-lo, todos os passos, tudo perfeito. Basta seguir os passos. É a supremacia da metodologia sobre o pensamento, da disciplina sobre a criatividade.

A revolução industrial nos trouxe esse legado. A produção em série tomou conta da indústria mundial e reinou por um bom período de tempo. Henry Ford revolucionou a indústria automobilística por meio da produção em série. Com ela, clientes poderiam pegar da prateleira um carro Model T, preto, a pronta entrega e a um custo acessível. Daí por diante, as indústrias passaram a imitar o modelo "fordista" com o objetivo de aumentar suas vendas e seus lucros, como acontecera com o revolucionário inventor da produção em série. Isso fez com que os clientes em geral se acostumassem a adquirir produtos padrão, uma vez que estes podiam ser produzidos a custos muito mais baixos dos que os ditos artesanais. Produtos artesanais passaram, portanto, a ser encarados como artigos de luxo, destinados ao público economicamente mais privilegiado da sociedade e ao público excentricamente artístico.

A Henry Ford cabe o mérito de ter criado um método que trouxe diferencial competitivo. Ele inventou um novo modelo de produção, que teve um papel importante na vida da sociedade. O grande erro da casta empresarial foi se conformar com esse modelo e continuar confiando exclusivamente nele, em vez de fazer como seu inventor, Mr. Ford, ou seja, em vez de evoluir, inovar. Esse é o fado dos seguidores das inovações: conviver de perto com a sobrevivência.

Em janeiro de 1927 ocorreu, em Berlim, a *première* do filme "Metrópolis" do austríaco-alemão Fritz Lang. O filme retrata a visão do autor de uma cidade industrial no auge de sua produtividade, no ano de 2026, regida por uma casta de pensadores, os quais, do alto de suas luxuosas residências no mundo superior, gerenciavam a casta de executores em seu mundo subterrâneo, invisível aos que se recusavam a enxergar, os quais sustentavam a riqueza da alta sociedade. Ali, certamente, concretizava-se de maneira contundente o dito de que ninguém é insubstituível. Se um determinado executor sequer pensasse em se revoltar ou mesmo em questionar, tudo o que era necessário era substituí-lo (para não dar margem a qualquer tipo de sentimentalismo, abster-nos-emos de imaginar qual seria o destino do infeliz questionador – talvez caiba um paralelo com a indústria atual).

Hoje em dia, em nosso "mundo empresarial metropolitano", a frase "ninguém é insubstituível" reina soberana, e continua sendo usada como se fosse portadora de uma inigualável erudição. Entretanto, seu real intuito, analisando o interior da alma gerencial, é minimizar os impactos causados pela saída de um profissional, seja da área onde trabalha, de um projeto ou mesmo da própria empresa. O intuito da utilização da frase é reiterar que o sucesso de um empreendimento não depende de uma pessoa, seja ela quem for, tenha ela a capacitação, habilidade, qualificação, criatividade que forem.

Por incrível que pareça, a gestão de empresas ainda confia as bases de seu conceito e de seu funcionamento ao legado da revolução industrial. Ela ainda não se deu conta de que a filosofia industrial, atualmente, apenas a provê de uma maneira de prosseguir seu caminho de sobrevivência. Num futuro razoavelmente próximo, nem para isso servirá. A sociedade entrou na era do conhecimento, cuja essência reside na diferenciação por meio da inovação. Aqueles que desejam se dar ao luxo de apenas produzir em série estarão fadados à bancarrota. Na sociedade moderna não há mais espaço para isso. O ser humano anseia por evolução, por melhores produtos, por uma vida mais digna e mais humana.

Nesta nova era, seria sábio substituir o velho ditado "ninguém é insubstituível" por um outro que esteja alinhado à era do conhecimento, qual seja, "ninguém é totalmente substituível". Para ilustrar a veracidade desse novo ditado nos novos tempos empresariais, vamos nos remeter ao mundo de alguns dos gênios com os quais a sociedade teve o privilégio de contar. Poderíamos tomar como exemplo, no campo das ciências, ilustres personagens, tais como Newton e Einstein, para mencionar os mais marcantes na história da ciência relativamente recente, e, para citar um expoente brasileiro, o curitibano Cesar Lattes (Cesare Lattes, para ser mais preciso), com suas importantes contribuições para a física atômica. No campo das artes, e mais especificamente em música, poderíamos mencionar os nomes de alguns ilustres criadores, tais como Bach e Beethoven, dois dos mais renomados, e, para citar um expoente brasileiro (apenas um dentre muitos), o carioca Heitor Villa-Lobos. O que teria sido do mundo sem suas valiosas contribuições? Como poderíamos, na falta de um Beethoven, encomendar uma nona sinfonia, nem que fosse apenas (apenas?) o terceiro movimento, possivelmente o adágio mais cheio de emoção da história da música, ou, na falta de um Villa-Lobos, uma bachiana brasileira? Isso não se resume a épocas remotas do passado. O que diríamos das contribuições de Tom Jobim para a música brasileira, ou melhor, para a música em si? Obras de arte individuais tais como "Águas de Março", obras de arte em parceria, tais como "Retrato em Preto e Branco", com Chico Buarque? E o mais intrigante: Por que nossos expoentes brasileiros parecem ser mais valorizados no exterior do que em seu próprio país? E o mais importante: O que isso tudo tem a ver com o mundo empresarial? Qual é a relação desses magníficos trabalhos artísticos com aquilo que fazemos no mundo empresarial?

A resposta é simples: na era do conhecimento, as atividades relacionadas à inovação e, portanto, baseadas essencialmente na criatividade, se parecem muito com o trabalho artístico e dependem fundamentalmente de pessoas, do talento, de sua motivação, de sua criatividade. Um projeto de caráter inovador, em que um profissional seja substituído por outro, ambos com talentos similares, poderia, sim, atingir sucesso, mas seu resultado seria sutilmente ou até mesmo significativamente diferente do resultado que seria obtido com a configuração original. Se o mesmo profissional, no mesmo projeto, fosse substituído por outro que não apresentasse talento semelhante ao seu, o projeto poderia ter sua qualidade seriamente comprometida ou mesmo ser malsucedido.

Na era do conhecimento, as coisas deixam de ser totalmente concretas e passam a ter um caráter mais subjetivo. Os riscos aumentam, e isso não pode ser encarado como uma coisa ruim, nociva à saúde empresarial. Muitas vezes não se sabe exatamente qual será o resultado final de um projeto, e isso, pela visão da revolução industrial, poderia ser encarado como falta de metodologia. Pior, muitas vezes não apenas não se sabe qual será o resultado final do projeto, mas também não se sabe como exatamente empreendê-lo, ou como desenvolver sua solução. Na era do conhecimento, há que se rever os conceitos relativos à maneira com que as empresas empreendem.

Austin e Devin (2003) argumentam que a gestão de trabalho moderno baseado em conhecimento se parece muito mais com liderar um trabalho artístico do que supervisionar o fluxo de uma fábrica. Eles discorrem sobre essa questão em sua obra de maneira contundente, reivindicando que os métodos de gestão nascidos nas fábricas que descendem da era industrial não conseguem gerir artistas em seu trabalho criativo de maneira satisfatória. Essas técnicas também não são adequadas, no mundo dos negócios, em áreas tais como desenvolvimento de software de ponta. As pessoas usam termos tais como "engenharia de software", "sistemas de gestão do conhecimento" e "fábricas de desenvolvimento de produtos" não cientes de que essas metáforas industriais, outrora fomentadoras, tornaram-se extremamente restritivas. Quando o produto é fruto do pensamento, imaginar os métodos usados em seu desenvolvimento em termos de "fábrica" apenas impede o livre fluir da originalidade.

Os autores ainda dizem: "Fundo em nossos corações, todos nós sabemos que 'fábrica' é o modelo errado para o trabalho baseado no conhecimento. O problema é que, não obstante essa diferente natureza do trabalho baseado no conhecimento, nós acabamos por aderir ao modelo industrial por causa de suas qualidades atrativas". Dentre essas qualidades atrativas, percebem-se claramente a minimização de riscos, o saber de antemão como empreender, a previsibilidade dos resultados e outras características desse gênero.

Está mais do que na hora de nos libertarmos das amarras impostas pela revolução industrial.
É hora de vislumbrarmos um novo mundo regido pelas ideias, pela criatividade e pelo empreendedorismo.
É hora de dotarmos a sociedade com o que há de melhor.

Crônicas corporativas

As ideias que trazemos de casa

É interessante como algumas empresas de hoje se recusam a se intelectualizar, mantendo os costumes da era da revolução industrial, encarando todo profissional como uma máquina cuja operação deve ser mecanicamente maximizada para alegadamente gerar resultados mais rápidos, e não necessariamente melhores.

Cada vez mais as profissões têm se intelectualizado, ou seja, têm se tornado menos mecânicas, fruto da evolução da sociedade, e mais produto do pensamento, da geração de ideias, da imaginação. Uma das diferenças fundamentais entre os dois paradigmas, o mecânico e o intelectual, diz respeito às suas naturezas temporais.

Enquanto o paradigma mecânico se caracteriza por ter um início e um fim bem determinados e, portanto, pela necessidade de presença física, o paradigma intelectual não se prende ao tempo. A necessidade de gerar uma solução para um problema de caráter intelectual permeia o pensamento do profissional onde quer que ele esteja. Este paradigma é fortemente dependente dessa característica de ubiquidade do pensamento, o qual acompanha o ser humano aonde quer que ele vá.

Creio que muitos já passaram por uma experiência como a que passei há algum tempo: Tinha que encontrar uma solução adequada para um certo problema, mas não consegui fazê-lo em meu ambiente de trabalho, no expediente normal.

Eu ainda me lembro bem quando, ao caminhar calmamente em direção ao prédio onde passava a maior parte do meu dia, veio-me à mente uma ideia que poderia resolver o problema de uma forma não só adequada, mas também inusitada, o que evidencia uma certa dosagem de criatividade. Ao chegar ao posto de trabalho, tratei de implementar a ideia, além de documentar a filosofia por trás da solução encontrada.

Se eu tivesse resolvido o problema dentro das quatro paredes que me cercam durante o horário padrão de expediente, possivelmente a solução encontrada não teria sido tão inspirada. Fico me perguntando agora quem é o real dono dessa solução que encontrei para aquele problema. É da empresa, cuja retórica dá a entender que eu só trabalho enquanto estou fisicamente dentro do ambiente de trabalho, ou é minha, já que a solução para o problema aconteceu na rua? Nesse caso, será que a empresa estaria, a rigor, sujeita a pagar royalties pela solução? Ou será que a empresa deveria encarar os fatos e se modernizar, investir e estimular o conhecimento e a solução criativa para problemas, em vez de prender os indivíduos que emprega, tolhendo sua criatividade e executando, assim, um papel ambíguo ou, no mínimo, contraditório?

Este é um problema digno de observação. Muitas empresas cobram de seus funcionários uma postura proativa, baseada na competência, no pensamento, no intelectual, mas se esquecem de que o intelecto não está sujeito a certas barreiras ou características físicas, adotando, portanto, uma postura totalmente ambígua.

Por causa dessa falta de percepção, a cultura de gestão industrial continua encarando os profissionais como produtores mecânicos. Cada novo gestor apontado pela direção das empresas tende a ter as mesmas características controladoras e o mesmo pensamento cartesiano, aquele que consiste em tratar o ser humano como uma máquina que tem que dar lucro palpável e imediato.

Muitos autores têm enfatizado a necessidade de mudança na postura gerencial, mas, na prática, isso está muito longe de acontecer. Aqueles que ousam adotá-la e aqueles que já se formaram encarando o mundo corporativo, assim como a sociedade, de maneira diferente, criativa e inovadora, certamente colherão os frutos de sua ousadia. O tempo se incumbirá de mostrar ao mundo o vencedor.

2 Diferentes naturezas de empreedimentos

Este capítulo se inicia com uma observação feita com base em minha trajetória profissional, que diz respeito às diferentes naturezas de trabalho. No decorrer de meus empreendimentos profissionais, quando passei de uma empresa multinacional para a universidade, no mundo da pesquisa científica, para depois voltar ao mundo corporativo numa empresa de serviço público, porém mantendo um pé na universidade como forma de também fundamentar minhas investidas na área de pesquisa e desenvolvimento, foi-me possível perceber dois perfis básicos de profissionais. É óbvio que os caracteres das pessoas variam sobremaneira, e que cada pessoa funciona de acordo com suas próprias características. É exatamente essa diversidade que enriquece o mundo e a sociedade. Devo, porém, admitir que, para fundamentar meu pensamento a respeito das diferentes naturezas de empreendimentos, fui levado a categorizar esses perfis em duas classes principais. São elas:

- Os profissionais que buscam a realização por meio da recompensa em termos de remuneração e grau de importância na hierarquia da empresa.
- Os profissionais que buscam a realização por meio de empreendimentos, no ato de realizar uma obra ou alcançar um objetivo na área em que atuam.

Esses dois tipos de profissionais, com seus objetivos bem distintos, desenvolveram caminhos que acabaram por caracterizar duas naturezas distintas de empreendimentos. O primeiro busca o valor em termos de benefícios concretos, em curto prazo, procurando maximizar o lucro monetário. O segundo busca trazer novos valores à sociedade, não se importando muito com o lucro aparente, mas buscando um benefício um pouco mais difícil de enxergar, ou de medir.

Neste livro, dar-se-á foco aos empreendimentos executados por profissionais que sonham em realizar algo de valor para a sociedade.

2.1 Nascendo para não ganhar dinheiro/ou ganhar muito dinheiro

Pessoas que sonham são vistas por seus pares como "diferentes". Na sociedade, a maior "esquisitice" que lhes é atribuída é a de que eles não se importam muito com a remuneração. Talvez seja esse o motivo pelo qual, não só no Brasil como também em outros países, essas pessoas acabam direcionando suas carreiras para a academia. Trabalhar na universidade ou em instituições científicas decididamente é para quem deseja uma carreira de conquistas no campo intelectual, não se importando muito com o aspecto financeiro.

O cientista em geral lida constantemente e intensamente com a criatividade, pois cada artigo científico contribui pelo menos um pouco para o crescimento da ciência, para o conhecimento e evolução da sociedade. Entretanto, só os mais criativos conseguem dar passos significativos na evolução da ciência, quebrando paradigmas ou mudando radicalmente algum aspecto de uma metodologia, uma técnica ou, enfim, da ciência.

Pessoas criativas estão presentes também, é claro, no mundo corporativo. Algumas áreas se destacam no quesito criatividade, uma vez que a natureza do trabalho é essencialmente artística. Um exemplo típico é a área de publicidade. Entretanto, em empresas de tecnologia, produtos ou serviços, tais pessoas têm dificuldade para encontrar o seu espaço. Isso é verdade especialmente no cenário brasileiro, que ainda não valoriza a criatividade como deveria e, portanto, perde a oportunidade de criar tecnologia, metodologia, técnicas, produtos e serviços inovadores.

O desafio é saber por que isso ocorre em nosso país. Infelizmente, a maioria dos empresários brasileiros não atentou para o fato de que sua empresa pode ganhar muito mais se inovar, em vez de ficar produzindo sempre a mesma coisa. Por esse motivo, a ênfase é colocada na maneira como as coisas são feitas, e não na natureza do que é feito. Empresários buscam um alto grau de organização, achando que isso aumentará seu lucro. Por certo aumentará, mas em pequena margem. Claro, uma empresa que funciona num ambiente caótico diminui suas chances de sobrevivência significativamente. O processo produtivo deve, portanto, ser organizado, para que os resultados obtidos sejam melhores.

Os países que inovam são aqueles que mais enriquecem. Eles detêm os *royalties* dos produtos que inventam, sabem como empreender e vendem ao resto do mundo o seu conhecimento. O conhecimento é um dos produtos mais rentáveis existentes. Mais rentável ainda é a criatividade, pois com ela pode-se inventar um novo produto que pode revolucionar o mercado. Depois da invenção do novo produto, retém-se o conhecimento de como executá-lo. Dessa maneira, a criatividade e o conhecimento formam um par extremamente rentável.

O carro-chefe dessas invenções nos países mais evoluídos é a criatividade dos profissionais de empresas inovadoras, acoplada aos empreendimentos científicos executados na empresa, em instituições de pesquisa tais como universidades, ou na parceria entre empresas e instituições de pesquisa. Mas uma coisa é certa: a empresa participa efetivamente do processo criativo e do empreendimento propriamente dito.

A criatividade e o empreendedorismo são atividades rentáveis.
Pessoas criativas podem fazer a diferença.

2.2 Medo de arriscar

Mas por que a maioria dos empresários resiste à ideia de fazer algo novo, ou mesmo de adotar um modelo de parceria que traga produção de conhecimento ao seu ambiente? A resposta mais provável para essa pergunta é o medo de arriscar. Quando se vislumbra algo novo, o empreendimento só pode se tornar viável por meio do investimento. Em iniciativas com esse caráter, o risco é parte integrante do empreendimento. A ideia pode não funcionar, por um motivo ou outro, acarretando a perda de todo o investimento. Todo o investimento? Talvez não, se o empresário encarar o suposto insucesso como um ponto sem volta. Ele pode, sim, encarar a experiência como parte do aprendizado de se empreender inovação. Seu orçamento deve prever isso.

Projetos de inovação podem dar errado, e isso é uma verdade da qual sempre se deve estar consciente. Entretanto, não é o suposto fracasso de um projeto que determina o grau de sucesso da empresa, e sim sua estratégia, seu ambiente aberto à criatividade, sua maneira de lidar com os diferentes aspectos de suas atividades, sua maneira de encarar o mundo empresarial, sua ousadia em vislumbrar coisas novas e empreendê-las.

Em síntese, uma empresa inovadora sabe muito bem como encarar os riscos de projetos inovadores. Ela sabe como diversificar sua carteira de projetos dessa natureza, de tal maneira que seu sucesso não dependa apenas de um projeto, que pode, por assim dizer, fracassar. É preciso esclarecer que o termo "fracassar" está sendo utilizado neste texto de forma obtusa, levando em consideração apenas seu efeito local, ou seja, uma visão parcial. A empresa inovadora madura sabe que uma parcela de sua carteira não trará resultado concreto, muito embora ele terá gerado uma excelente experiência e terá adquirido significativo conhecimento.

Na era do conhecimento e da criatividade,
o medo ao risco perde seu lugar.
O risco deixa de ser algo a ser evitado
para ser alvo de investimento.

2.3 As classes de empresas e instituições

A postura das instituições perante a questão da criatividade e da inovação depende muito do setor onde se encontram inseridas e de sua natureza jurídica. Analisaremos brevemente aqui três tipos básicos de instituições: as empresas privadas, as empresas públicas e as instituições de pesquisa, não deixando de observar que existem outros tipos de empresas, tais como empresas mistas e de propósito específico.

2.3.1 As empresas privadas

A grande maioria das empresas privadas busca, como meta principal, a lucratividade financeira. Existem exceções, empresas, por exemplo, estabelecidas em um contexto de idealismo, por pessoas visionárias, tendo um objetivo mais específico que não enfatiza primordialmente a lucratividade. As empresas tradicionais tendem a fugir das incertezas relacionadas à inovação, enquanto outras, e especialmente as regidas por visionários, estão normalmente abertas a produzir algo novo como forma de adquirir diferencial e também trazer valor à sociedade.

Alguns gestores de empresas privadas promovem a criatividade e reconhecem seu valor, porém a maioria, especialmente no Brasil, adota as técnicas tradicionais de gestão industrial, que tendem a aniquilar a criatividade, por meio de processos rígidos e regras intensas. A cultura da gestão industrial também é propícia à ingerência política, que está presente nas empresas privadas, porém, muito provavelmente, em menor grau do que nas públicas. Essa prática pode lhes trazer prejuízos, porém ela raramente se evidencia como a causa de seu insucesso.

Empresas privadas de grande porte da área de tecnologia tendem a investir, pelo menos um pouco, em "pesquisa e desenvolvimento" – P&D, no intuito de ganhar diferencial competitivo. Entretanto, sua ênfase está ainda em projetos de cunho essencialmente prático, que possam dar retorno em curto prazo, que não impliquem riscos muito altos e que, portanto, quase se descaracterizam como "pesquisa e desenvolvimento".

As grandes empresas que impulsionam o desenvolvimento tecnológico investem muito em P&D, pois esse é o mecanismo que gera subsídios para consolidar essa liderança. Não há liderança tecnológica sem investimento em P&D. O setor tecnológico é bastante peculiar nesse sentido. As empresas mais ousadas no tocante à criatividade são aquelas que crescem vertiginosamente e, quando permanecem inovando, consolidam-se como grande potência em seu negócio.

2.3.2 As empresas públicas

As empresas públicas, por outro lado, têm, ou deveriam ter, atribuições com um mais forte grau de caráter social, pois devem prestar serviços à comunidade. Sua existência já pressupõe esse caráter, muito embora alguns argumentem que uma empresa pública deva ser gerida como outra qualquer. Entretanto, o mundo empresarial privado é totalmente diferente. A maior justificativa para essa asserção é o fato de que a empresa pública existe para prover a sociedade de um benefício, de um serviço que lhe traga maior conforto, maior dignidade, melhores condições de vida.

Nessa linha de pensamento, torna-se razoável advogar a causa de que as empresas públicas devem, sim, investir em inovação e, por consequência, na criatividade, como forma de gerar novos produtos e serviços. Muitas empresas públicas têm como atribuição promover, por exemplo, o desenvolvimento tecnológico da comunidade em que está inserida.

Entretanto, algumas das empresas inseridas nessa categoria, tanto na esfera municipal como na estadual e na federal, sofrem de um mal intrínseco à sua natureza, estando sujeitas à ingerência política e, consequentemente, a diretrizes circunstanciais. Os cargos de liderança muitas vezes ficam sujeitos a critérios políticos em detrimento daqueles de aspecto técnico, o que pressupõe a perda de competência na esfera de liderança. A gestão, nesse contexto, passa a ter também um aspecto temporal muito forte, o qual compromete as diretrizes e as estratégias da empresa.

Não obstante essa dificuldade, algumas empresas conseguem construir uma trajetória de valor. A alta gerência tende a dirigir a empresa como no setor privado, mas as iniciativas localizadas, mesmo assim, podem ser viabilizadas por pessoas visionárias. Não obstante o aspecto político inserido na gestão, ainda assim é possível empreender em empresas públicas.

Não podemos, todavia, nos esquecer de que existem excelentes exemplos de empresas públicas inovadoras no Brasil, as quais demonstram que atingir a maturidade em inovação não só é possível como também estratégico. Essas empresas têm tido um impacto muito grande na imagem do país, muitas vezes assolada por mazelas absurdas.

2.3.3 As instituições de pesquisa

As instituições de pesquisa, até pouco tempo atrás, eram normalmente públicas. Recentemente algumas instituições públicas tiveram que seguir a ordem política de um passado recente, tendo sido privatizadas. Algumas foram obrigadas a adotar uma nova postura, em prol de sua própria sobrevivência. Elas, portanto, deixaram de atuar com pesquisa e desenvolvimento, ou então diminuíram significativamente tais atividades, e passaram a focar a prestação de serviços. Por que ocorreu esse fenômeno? A cadeia de respostas parece se basear no seguinte: uma vez que as empresas brasileiras ainda não investem significativamente em pesquisa e desenvolvimento, instituições da área acabam dependendo de programas de fomento, os quais financiam ou fornecem mecanismos para financiar projetos ou programas de P&D. Sendo assim, as instituições cujas atividades se baseiam maciçamente em P&D ficam à mercê das oscilações políticas, o que torna sua sobrevivência um risco constante.

Por enquanto, essas instituições, com raríssimas exceções, constituídas dos organismos sustentados e apoiados pelas poucas empresas inovadoras de grande porte no país, atuam nesse cenário adverso, dependente de vontades e diretrizes políticas. Nossa sorte é que os programas de pesquisa e desenvolvimento do governo ainda garantem, bem ou mal, a produção de conhecimento no país.

As instituições de pesquisa têm um grande potencial de desenvolvimento, abrigando profissionais e cientistas altamente qualificados, com alto nível de titulação acadêmica. Esses grupos de pesquisa são normalmente aptos a obter significativas produções científicas em suas respectivas áreas de atuação. Atualmente, porém, especialmente no Brasil, tais grupos apresentam grande dificuldade de interagir entre si, o que impede a concepção de projetos multidisciplinares com grande potencial de resultados práticos e inovadores. É necessário também que essa interação se estenda a grupos de pesquisa externos, uma vez que, quanto mais abrangentes e multidisciplinares se tornam os temas de pesquisa, maior a necessidade de agregar conhecimento externo. Não há como aglutinar o conhecimento necessário a todos os temas multidisciplinares em uma só instituição.

Para mudar esse cenário de confinamento entre grupos de pesquisa altamente qualificados e também entre as próprias instituições de pesquisa, deve-se repensar seu mecanismo de gestão. Para tanto, a liderança deve ser exercida por pessoas altamente qualificadas, com visão científica e, principalmente, criativas, capazes de vislumbrar oportunidades com potencial de resultados práticos. A principal tarefa de liderança, nesse caso, é a integração entre as diversas áreas de capacitação em torno de temas de pesquisa que possam juntas gerar oportunidades de diferenciação.

2.4 A política

A pergunta que permanece é "como estabelecer um ambiente propício para a criatividade e inovação, imune aos diversos tipos de ingerência"? Encontrar respostas para essa pergunta é um desafio. Tudo o que se pode dizer por ora é que a pergunta é importantíssima, especialmente no que tange às iniciativas de P&D. Essas iniciativas são baseadas no conhecimento especializado que a empresa tem, e devem, portanto, estar imunes às ingerências políticas. Criar na estrutura da empresa uma unidade funcional imune é um desafio, pois isso seria uma exceção aos demais elementos da estrutura. De qualquer maneira, a unidade funcional responsável por P&D deve ser tanto quanto possível imune a possíveis interesses políticos, uma vez que seu gerente deve necessariamente estar a par do processo científico e agir de maneira imparcial.

Em contrapartida, a criação de uma unidade funcional já é vista automaticamente pelas pessoas, tanto as políticas como as não-políticas, como um artifício para outorgar um cargo a uma pessoa a quem se deseja beneficiar. A tarefa de imunizar uma unidade funcional é, portanto, árdua e desafiadora, e tem como requisito básico quebrar um forte paradigma.

Em termos de criatividade, a qual deve permear todas as unidades funcionais de uma empresa inovadora, o problema se torna um pouco mais prático. Se a ingerência política estiver presente, devem-se criar mecanismos para conviver com ela e estabelecer, ou manter, um ambiente aberto à criatividade, flexível e que valorize as ideias das pessoas. A melhor maneira de fazer isso é dotar pessoas criativas de poder para dirigir outras pessoas de acordo com essa visão.

A gestão industrial tradicional tende a colocar nos cargos de gerência pessoas metódicas, não abertas à criatividade. Na mente dos executivos, o dirigente deve ser organizado, apresentar um grau adequado de autoritarismo, estar preocupado com o cumprimento do horário e, principalmente, policiar e controlar as pessoas que "ficam imaginando coisas, pensando, sem fazer nada". Isso quer dizer que, normalmente, o ambiente empresarial é totalmente adverso às pessoas criativas, que vivem num canto, desperdiçando boas ideias.

Dotar uma pessoa criativa de autoridade proporciona uma importante quebra de paradigma em uma empresa. Isso pode mudar seu rumo, e fundamentar novas iniciativas que venham trazer grandes benefícios no futuro e, quem sabe, garantir sua sobrevivência. Mas essa atitude por parte da alta gerência pode causar algum desconforto perante alguns profissionais, dirigentes ou não, pois as pessoas criativas podem desenvolver métodos pouco ortodoxos para chegar a resultados, os quais poderão ser surpreendentes.

Experiência prática

Quando trabalhava em uma empresa pública de grande porte, fui designado para coordenar uma equipe, a qual era responsável pelas aplicações que lidavam com a internet. Isso era bem no início do processo de "comercialização" da internet, ou seja, quando ela saiu do ambiente acadêmico para alcançar o mundo.

Talvez tenha sido por esse motivo que eu fora designado. Além de ter a experiência acadêmica com a internet (pois tinha sido usuário da internet havia já quase dez anos, no exterior e no Brasil, quando ela atingiu o meio acadêmico brasileiro), eu notoriamente tinha uma veia artística. Isso aliado ao fato de que, naquele momento, as pessoas tendiam a pensar em internet como páginas web e, portanto, imagens, texto, bom gosto e apelo visual, fato este que, dada minha vertente artística, deve ter me levado à coordenação da equipe.

Como grupo, uma das primeiras coisas que instituímos foi algo a que denominamos "Café Web", que tinha a proposta de ser um canal aberto à criatividade, onde as pessoas relatavam experiências e trocavam ideias abertamente, acompanhadas de um café ou de um lanche (daí o nome). O evento ocorria com frequência semanal.

Não é preciso dizer que muito rapidamente apareceram, no ambiente de trabalho, rumores de que algumas pessoas podiam se dar ao luxo de se abster do árduo trabalho a que todas as outras equipes estavam submetidas, gastando uma preciosa hora em atividades lúdicas e de prazer pessoal.

Muitas ideias surgiram no Café Web. Um exemplo foi o desenvolvimento de uma aplicação que, não obstante sua simplicidade, apresentava grande potencial de benefícios. Lançada a ideia, e em plena discussão no evento, chegamos à conclusão de que a relação benefício–custo era extremamente alta. Decidimos ali em nosso café, sem participação da alta gerência, que iríamos desenvolver o aplicativo.

Muitas vezes temos que agir de forma rápida para alcançar um diferencial. Nesse caso, o risco não era significativo, pois o tempo necessário para o desenvolvimento era mínimo. O profissional que desenvolveu a solução o fez em apenas um dia de trabalho, uma vez que já dispúnhamos da infraestrutura necessária. Como resultado, após a divulgação da disponibilização do serviço, em cujo contexto a empresa foi uma das pioneiras, as ações da empresa subiram, gerando um lucro significativamente superior ao custo do projeto. E tudo isso aconteceu graças à interação, à criatividade e a abertura para novas ideias que o grupo tinha.

2.5 O corporativismo

Não tenciono aqui falar sobre o tema "corporativismo" *per se*, mas apenas abordar alguns efeitos nocivos por ele ocasionados. Sob certo ponto de vista, o corporativismo pode ser encarado como ferramenta para atingir objetivos de forma não idônea. Esse mal assola o mundo corporativo, subjugando mentes criativas e empreendedoras ao confinamento.

Quando propostas são julgadas por critérios secundários, ou até mesmo impertinentes, relevando seu mérito a um segundo plano ou, no pior caso, desprezando-o por completo, as ideias mais valiosas são aquelas que pagam o maior preço. Empreendedores são apenados com rejeições às suas propostas, na maioria das vezes de forma injustificável, desencadeando uma série de consequências que afetam o potencial empresarial. Essas consequências muitas vezes não podem ser vistas pela mente despreparada que as provocaram, mas são percebidas e assimiladas pelas pessoas empreendedoras. A sistemática rejeição de ideias de empreendedores, por parte da liderança, torna-se extremamente nociva no que diz respeito ao potencial de empreendimento dessas pessoas, especialmente porque elas são movidas pela realização profissional de caráter pessoal e não institucional.

Na presença do corporativismo nocivo, as pessoas mais prejudicadas são aquelas que criam, e, dentre elas, aquelas que lidam com conhecimento avançado, como é o caso de projetos de P&D. O agravante de projetos desse caráter é que seus resultados tendem a ser de mais longo prazo do que os demais, além de apresentarem riscos significativos.

As pessoas que empreendem tais projetos são vistas pela liderança da gestão industrial como pessoas que "roubam" seus recursos. Tais dirigentes sóem dizer que pessoas são recursos, e acabam por incorporar uma batalha contra as iniciativas das pessoas empreendedoras. Esse problema se acentua com o passar do tempo, e os dirigentes passam a desprezar e boicotar os empreendedores, avaliando-os mal, dificultando acesso a recursos, propagando informações equivocadas, perpetuando assim a injustiça em seu ambiente de trabalho.

O que acontece na prática

O corporativismo nocivo pode se dar em qualquer esfera em uma empresa. Rixas entre diferentes unidades funcionais são comuns onde não existe uma cultura de coletividade em que cada grupo de profissionais conheça quais são seus papéis e também tenha ciência dos papéis dos outros grupos.

Profissionais que trabalham num ambiente corporativista podem se identificar com a unidade funcional ao qual pertencem de tal maneira que podem confundir sua própria identidade com a da unidade funcional. Esse comportamento intrinsecamente pressupõe certa hostilidade relativamente a outras unidades com as quais interagem, o que pode causar sérias consequências à produtividade da empresa, uma vez que as unidades lutam entre si, tentando inclusive destruir as conquistas umas das outras.

Esse tipo de comportamento é mais frequente em ambientes de trabalho que não proporcionam aos profissionais desafios à sua altura. Existem dois motivos principais para isso: o primeiro é a cultura controladora de uma empresa, em detrimento da cultura inovadora, que fomenta a criatividade e o empreendedorismo. O segundo é a política equivocada de recursos humanos, que carece de metodologia e prática de mapeamento de competências.

Empresas de alguns setores da economia, sejam públicas ou privadas, estão também sujeitas a forte ingerência de várias naturezas, podendo apresentar situações um tanto bizarras. Muitas vezes, nesse contexto, profissionais altamente qualificados podem permanecer por um determinado período de tempo em uma situação de "subaproveitamento" por algum motivo que não leve em conta os aspectos técnicos e estratégicos. Isso pode se tornar uma séria ameaça para a sobrevivência da empresa em médio e longo prazos, pois se torna custoso manter profissionais dessa categoria e ao mesmo tempo desperdiçar sua produtividade.

2.6 O castigo dos empreendedores

Empreendedores têm no mundo corporativo atual o difícil desafio de sobreviver às terríveis investidas de uma gestão estritamente operacional, sem visão de crescimento, sem sequer compreender o significado da inovação e a essência de palavras tão temidas e talvez até banidas do mundo comprometido com a seriedade, tais como imaginação e criatividade.

Tudo indica que o que a maioria dos gestores atuais entende como imaginação e criatividade pode ser traduzido como falta de seriedade. Parece que eles querem dizer "nós estamos aqui para trabalhar e não para brincar". Parece existir um preconceito enraizado na mente das pessoas, no contexto empresarial, que incute essa ideia de que inventar, imaginar, criar são ações perigosas que devem ser evitadas.

Essas ações, entretanto, constituem a base para a inovação. Pessoas que utilizam a criatividade para empreender são aquelas que provocam a inovação. Em ambientes avessos à criatividade, tais pessoas se veem como peixes fora do aquário. Sim, porque quem está preso dentro de quatro paredes de vidro são as pessoas que sempre fazem a mesma coisa. E por estarem fora do aquário, elas são normalmente castigadas pela falta de visão dos que detêm o poder.

Em algumas situações, essas pessoas encontram uma maneira de empreender não obstante os castigos e as barreiras que encontram. Para tanto, elas desobedecem, conscientes de que estão fazendo o que é certo.

Os castigos mais frequentes para esses "insubordinados lunáticos" incluem a má avaliação e consequentemente a falta de remuneração extra devido a resultados, uma vez que os gestores continuam achando que tais produções não são concretas nem práticas, a falta de recursos para o dia a dia, a má reputação como pessoas que não produzem, apenas deliram, a sua exclusão do processo de tomada de decisão, a consequente desvalorização pessoal e profissional, o boicote nos empreendimentos em andamento e coisas desse gênero.

Essa situação se agrava ainda mais quando a empresa demonstra apresentar fraquezas em seu planejamento estratégico, pois empreendimentos inovadores de porte significativo devem estar alinhados ao planejamento empresarial ou fornecer subsídios para contribuir com ele. Na ausência de desenvoltura por parte da empresa no que tange ao seu planejamento, os empreendedores perdem uma boa chance de demonstrar e validar os benefícios que uma proposta ou um empreendimento podem trazer.

Dessa forma, as pessoas empreendedoras vão sendo sugadas ao último, até que decidem que seus esforços merecem maior valor. Elas perdem o interesse, o ânimo, e começam a pensar em dar frutos em outras paragens.

Em ambientes assim, empreendedores são castigados, por exemplo, por enfrentarem os riscos tipicamente mais altos inerentes à natureza de seus projetos, por inventarem coisas que não estão ao alcance dos demais e muito menos dos próprios gestores.

Experiência prática

Em um projeto de P&D realizado em uma empresa de grande porte, foi estudada a fundo a aplicação de uma nova tecnologia em um determinado contexto. O resultado final incluía um novo modelo e uma nova metodologia. O trabalho gerou algumas publicações, nacionais e internacionais, inclusive em um dos mais renomados veículos de divulgação científica. O projeto estava inserido em um programa de fomento à inovação, usando verba destinada exclusivamente para esse fim. Estava, portanto, sujeito a fiscalizações por parte de uma instituição reguladora responsável. Deve-se notar, entretanto, que houve mudança na gestão da área da empresa entre sua proposição e seu desenvolvimento, o que provavelmente impactou sua aceitação e sua visibilidade.

Entretanto, houve muitas adversidades na trajetória do projeto, a maioria advinda da falta de apoio por parte da gestão. Esta, preocupada com a constante cobrança pela otimização das atividades do dia a dia, pela questão da excelência operacional, e pela necessidade de "apagar os frequentes incêndios", não "tinha cabeça" para se preocupar com inovação, projetos de P&D e resultados em prazo mais longo. Como diz o ditado, havia tempo para o urgente, mas não para o importante.

A direção daquela unidade funcional criou, com vistas a satisfazer algumas demandas identificadas pela alta gerência da empresa, projetos considerados estratégicos, e envidou todos os esforços em sua consolidação. Essa teria sido uma atitude louvável não fosse a falta de equilíbrio na definição das atividades estratégicas. Sem esse equilíbrio estratégico em frentes similarmente importantes, o apoio a uma atividade acaba implicando o boicote a outra que também deveria ter sido classificada como estratégica.

Dessa maneira, o apoio às atividades classificadas como estratégicas acabou prejudicando significativamente o desenvolvimento desse projeto de P&D, o qual, dados seus objetivos e os resultados a serem obtidos, deveria ter sido similarmente classificado como estratégico.

Algumas medidas de apoio às atividades consideradas estratégicas impactaram negativamente o projeto de P&D. A primeira delas foi a desapropriação de uma sala de reuniões para ser ocupada exclusivamente pelo pessoal que participava de um dos projetos classificados como estratégicos. Ocorre que o projeto de P&D em questão utilizava essa sala um dia por semana como laboratório. Os profissionais que participavam do projeto transportavam seus equipamentos para a sala e lá permaneciam durante todo o dia. Isso era feito para que as pessoas pudessem se desligar das tarefas do dia a dia, mudar a maneira de pensar, e poder trabalhar num projeto de natureza distinta daquela que permeava o ambiente de trabalho, o qual era focado nas atividades operacionais do dia a dia. O agendamento da sala era feito por meio de um processo formal e documentado.

Com a desapropriação da sala para que ela pudesse ser utilizada exclusivamente pelo projeto considerado estratégico, perdeu-se a possibilidade de continuar os laboratórios do projeto de P&D. Como consequência, outra estratégia de desenvolvimento teve que ser adotada, e os prejuízos para o andamento do projeto foram significativos. Não houve qualquer tipo de atenção por parte da direção da unidade funcional para resolver esse problema.

Outra medida contundente foi a alocação de alguns profissionais em dedicação exclusiva aos projetos considerados estratégicos, não importando os compromissos assumidos até então. Essa medida também atingiu o projeto de P&D, e a participação de alguns profissionais teve que ser novamente negociada. Apenas depois de esclarecido que a ausência desses profissionais no projeto acarretaria sérias consequências para a empresa, podendo inclusive o órgão fiscalizador aplicar multas à empresa por não cumprir o planejado no projeto, a direção da unidade funcional cedeu os profissionais ao projeto de acordo com o tempo alocado. Mesmo assim, os ditos projetos estratégicos sempre tiveram prioridade sobre as atividades do projeto de P&D, e as urgências não eram incomuns, fazendo com que alguns profissionais deixassem de trabalhar temporariamente no projeto de P&D para se dedicarem às urgências dos projetos estratégicos, trazendo impactos significativos ao seu andamento.

Alguém poderia facilmente argumentar que as dificuldades relatadas aqui são normalmente vivenciadas em qualquer ambiente de trabalho ou mesmo por qualquer outro projeto num mesmo ambiente de trabalho. Entretanto, quando se está na contramão, não há chance de apoio. A hostilidade se torna constante, e as tentativas de minar o projeto e os profissionais envolvidos se tornam evidentes, pois não se enxerga nem ao menos a validade daquele empreendimento. Se um empreendimento inovador está na contramão em uma determinada empresa, isso significa que a empresa não tem a visão correta para um futuro de sucesso. Essa empresa não tem lugar para pessoas criativas e empreendedoras.

No caso aqui relatado, como o projeto não poderia ser cancelado, por causa do compromisso com a entidade fiscalizadora, a direção da unidade funcional se viu obrigada a permitir a continuação do seu desenvolvimento, mesmo que não tivesse sido incluído no rol de projetos estratégicos.

Dessa maneira, os profissionais envolvidos no projeto de P&D foram obrigados a envidar esforços extras para empreendê-lo, conscientes de que estavam na contramão, porém motivados pelo desafio da inovação.

Essa motivação permitiu a conclusão do projeto de maneira satisfatória, na medida do possível, porém longe de valorizada.

Crônicas corporativas

Perdas irreparáveis

Nosso país, ao seguir, mais uma vez, o modelo adotado pelos países os quais procura imitar, travou recentemente uma guerra cruel entre dois propósitos: a privatização de empresas de serviços básicos e a manutenção de seu acervo de conhecimento intelectual adquirido com toda maestria e habilidade no decorrer de sua existência. Quem ganhou? Depende. Algumas vezes a privatização ganhou e o acervo de conhecimento perdeu. Outras vezes a privatização perdeu e o acervo intelectual também perdeu. Mas em todos os casos em que essa mesma guerra aconteceu, em nenhum deles o acervo de conhecimento saiu ganhando. Ou seja, a perda do conhecimento é um efeito colateral resultante dessa guerra, e muitas vezes mortal.

Por quê? O motivo é simples: a preparação de uma empresa pública de serviços básicos, com um conceito de funcionamento voltado ao bem-estar da sociedade, para o mercado capitalista implica a operacionalização da máquina geradora de lucro, a qual é cobiçada a qualquer custo, e na aniquilação de toda e qualquer iniciativa de geração de conhecimento voltado à evolução da sociedade, geralmente em médio e longo prazos.

O período pós-guerra vivido por uma nação é geralmente marcado por severa recessão e duras medidas tomadas visando à sua recuperação econômica. Às vezes ousa-se tentar calcular as perdas causadas pela guerra e o investimento de recursos e de tempo necessários para se recuperar tudo o que foi perdido. Após a Segunda Guerra, por exemplo, alguns países chegaram à conclusão de que seriam necessários aproximadamente oitocentos anos para recuperar o patrimônio perdido, e mesmo assim, quando tudo tivesse sido reconstruído, permaneceria a pergunta se todo o esforço despendido seria realmente necessário após tão longo tempo.

Poder-se-ia ter o atrevimento de empreender o mesmo cálculo no contexto empresarial na guerra travada entre as duas entidades aqui abordadas, ou seja, entre a privatização e o acervo intelectual. Entretanto, ninguém até agora ousou fazer isso, talvez por incapacidade, talvez por plena ignorância de não se atentar para tamanha perda. O mais provável é que ninguém atribui ao acervo intelectual seu real valor, e que muito pouca gente sequer cogita que essa perda existe. A única conclusão a que se pode chegar é que, como no caso das guerras entre nações, onde não se pode esperar uma recuperação total de tudo o que foi perdido, o prejuízo intelectual causado por processos semelhantes, como aquele aqui descrito, no contexto empresarial, é, além de incontestável, irreparável.

Se fosse possível uma recuperação intelectual ao longo de, por exemplo, dez anos, a carência desse bem durante esses anos alteraria de maneira preponderante o curso evolutivo da empresa, caracterizando assim uma perda irreparável.

Mas o mais intrigante é saber que alguns dos atuais dirigentes empresariais, remanescentes do pós-guerra e inconscientemente (ou não) coniventes com a aniquilação do acervo intelectual, não só não se atêm a este sério problema como também resistem a ouvir as pessoas que lutam pela reconquista do acervo intelectual e pela mudança do direcionamento evolutivo das empresas.

Em muitas corporações, o empreendimento que visa a essa reconquista constitui uma luta ingrata e solitária. São profissionais que ainda detêm os verdadeiros princípios da empresa pública, que trabalham almejando a evolução e o bem-estar da sociedade, produzindo conhecimento, e que solitariamente lutam para encontrar um aceno favorável da cultura gerencial que lhes permita finalmente empreender um trabalho de resgate do verdadeiro patrimônio da empresa pública.

O governo faz todos os esforços possíveis para coagir as empresas a enxergarem, e isso permite que pessoas ousadas solitariamente empreendam uma viagem contra a correnteza, percorrendo um caminho em que, com o esforço necessário para avançar três passos, consegue-se avançar apenas um.

3 Criatividade: conceitos, características e adjacências

Criatividade é um tema polêmico, pois não há uma definição formal que a caracterize de maneira inequívoca. Cientistas e estudiosos já propuseram definições, mas ainda não há um consenso sobre isso.

A Wikipédia, por exemplo, traz algumas considerações interessantes sobre a criatividade, a saber:

- Criatividade é o processo mental que envolve a geração de novas ideias ou conceitos, ou novas associações entre ideias ou conceitos existentes.
- Do ponto de vista científico, os produtos do pensamento criativo, muitas vezes chamado de pensamento divergente, são aqueles que apresentam originalidade e adequabilidade.
- Diferentemente de muitos fenômenos científicos, não há uma definição formal de criatividade.
- Esse fenômeno misterioso, embora inegavelmente importante e constantemente visível, parece estar além da compreensão da investigação científica.

A inovação, por sua vez, tem como ingrediente básico a criatividade. Muito embora algumas pessoas confundam os dois termos entre si, eles são bem distintos. Pode-se dizer que a criatividade pode gerar a inovação. A geração da ideia é fruto da criatividade. A aplicação da ideia gerada em um contexto específico se torna inovação. Portanto, a criatividade é condição necessária, mas não suficiente para a inovação.

A criatividade é o principal
ingrediente da inovação

Uma vez evidenciado o valor da criatividade como ingrediente básico da inovação, poderíamos passar a considerar suas principais características e as características naturais e mais marcantes de pessoas reconhecidamente criativas.

Frequentemente associamos a criatividade de certas pessoas à "esquisitice", à "maluquice" e a outros termos de natureza similar. Uma das perguntas que ressoa no ar é "por que toda pessoa criativa é desorganizada?". Será que essa pergunta tem fundamento? Seria essa uma regra onipresente?

Similarmente, pessoas criativas tendem, numa cultura que não valoriza a criatividade, a não obter cargos gerenciais. Isso enfatiza a cultura empresarial industrial, controladora, que se caracteriza pela tendência de formar empresas seguidoras, em vez de inovadoras. Dirigentes normalmente se queixam de ideias absurdas geradas nas mentes de pessoas criativas e, por esse motivo, nunca lhes atribuem um cargo gerencial, o qual poderia trazer grandes resultados para a empresa em termos de empreendimentos inovadores.

Onde estão os dirigentes criativos?
Quando deixaremos de ser seguidores
e passaremos a ser inovadores?

Uma coisa que procedimentos que visam ao mapeamento de competências, por meio de análises do perfil pessoal de cada profissional, trazem à tona é o fato de que existe nas pessoas um desejo interior de ser reconhecidas como pessoas criativas. Uma espécie de status especial gira em torno da palavra "criatividade", de tal forma que muita gente sequer admite a hipótese de não ser criativa.

Isso pode ser facilmente constatado ao se verificar as respostas ao quesito "criatividade" em questionários que buscam identificar, por meio da autoanálise dos respondentes, as características pessoais no contexto profissional. Raramente uma pessoa atribui a si mesma um baixo grau nesse quesito, o que faz com que esse tópico se torne inócuo no que tange à identificação de perfis pessoais.

Pode-se chegar então a uma conclusão desanimadora: talvez o problema de postura gerencial não seja o único entrave para a ascensão do papel da criatividade no mundo empresarial. Talvez o maior problema esteja oculto na pretensão que as pessoas em geral têm, e em especial aquelas que estão na liderança, de deterem o status de ser criativas.

Em outras palavras:

> *Como se pode solucionar um problema se sua própria existência não é reconhecida?*

Este capítulo, após esta breve introdução, tem por objetivo fornecer subsídios para uma compreensão sobre o tema que possibilite uma postura de gestão mais adequada, e que venha a contribuir para um melhor desempenho individual e coletivo.

As três seções vindouras, intituladas respectivamente "o trabalho criativo", "pessoas criativas" e "liderança criativa", tomaram por base muitas informações apresentadas em um extenso estudo sobre a criatividade feito por Mumford et al. (2002), intitulado *Leading Creative People:* Orchestrating Expertise and Relationships. Muitas das referências literárias citadas neste capítulo estão presentes no trabalho de Mumford et al. O estudo é uma excelente fonte de informações sobre os assuntos tratados neste livro e, em especial, neste capítulo.

3.1 O trabalho criativo

Trabalho criativo é tipicamente relacionado com artistas e cientistas. Quando pensamos em criatividade, é natural que venha à nossa mente as pessoas ligadas à arte e, quando muito, à ciência. Entretanto, a criatividade não está necessariamente relacionada com o tipo de ocupação profissional. Em vez disso, ela ocorre em tarefas que envolvem certos tipos de atividade, a saber, aquelas que envolvem problemas complexos, por vezes nebulosos, e cuja solução requer a geração de novas ideias.

Outra faceta da criatividade, provavelmente indesejável a líderes controladores, é que ela é centrada em pessoas, ou seja, a criatividade reside nas pessoas, em suas mentes, em seu ser.

É claro que a criatividade está presente nas mais diversas atividades, independentemente de seu nível intelectual. Entretanto, quanto maior o nível intelectual, maior impacto parece ter o resultado da criatividade. Mais do que isso, a criatividade parece andar junto com o conhecimento. Pessoas criativas tendem a mergulhar em estudos, adquirir conhecimento e utilizá-lo em suas soluções criativas. Muitas dessas soluções advêm da ativa manipulação do conhecimento adquirido. E sobre tudo isso está o fato de que a especialidade em certa área do conhecimento acontece de forma muito lenta e gradativa. Tudo isso demonstra que a geração de soluções criativas é resultado de um processo longo e complexo.

> *A criatividade anda junto com o conhecimento,*
> *é centrada em pessoas,*
> *e tende a se desenvolver em um processo longo e complexo.*

Para empreender um trabalho criativo em equipe, ou, em outras palavras, resolver um problema de forma criativa em equipe, as partes envolvidas devem:

1. Trabalhar a correta definição do problema, esclarecendo com o maior número de detalhes possível toda a sua extensão. Vale considerar que esses tipos de problema normalmente não permitem vislumbrar seus detalhes facilmente, especialmente no princípio do trabalho.
2. Adquirir conhecimento sobre o tema no qual o problema parece estar inserido. Nota-se, pela construção dessas frases, que no início desse processo o grau de incerteza é muito grande. O conhecimento a ser adquirido deve ser abrangente o suficiente para que se vislumbre pelo menos algumas direções de trabalho. À medida que se evolui nesse conhecimento, a direção de trabalho definitiva vai se esboçando, até ficar evidente.
3. Dentro da linha de trabalho definida, o conhecimento deve ser lapidado ativamente. As ideias iniciais devem ser progressivamente refinadas e estendidas para que sua implementação possa ser bem-sucedida.

Essa breve exposição demonstra que a execução de um projeto dessa natureza exige um longo tempo, dada a complexidade envolvida em suas atividades.

As implicações das características mencionadas se traduzem em:

1. Trabalhos criativos dependem muito da motivação das pessoas envolvidas. Além disso, o nível de motivação tem grande impacto nos resultados

obtidos, ou seja, quanto maior o nível de motivação, tanto melhor serão os resultados e o próprio desenvolvimento do projeto (Collins e Amabile, 1999) (Pelz e Andrews, 1966);

2. Trabalhos criativos requerem atenção sustentada durante longos períodos de tempo, sob condições em que o grau de ambiguidade é alto, o *feedback* negativo é provável e o estresse é parte da vida diária (Kasof, 1997). Isso significa que a liderança deve estar extremamente atenta para aspectos muito mais subjetivos do que aqueles conhecidos em técnicas de gestão de projetos.

3.1.1 Ambientes favoráveis à criatividade

Stacey (1996) trata da questão da criatividade em seu livro intitulado *Complexity and creativity in organizations*, confrontando a teoria organizacional tradicional com um novo paradigma baseado na criação de ambientes em que haja liberdade para a criação. A teoria organizacional tradicional diz que as empresas devem predizer e controlar para que o caos seja evitado. Em contrapartida, o novo paradigma, proposto pelo autor, argumenta que a repressão da ansiedade causada pela natureza instável e dinâmica do mundo dos negócios atual implica a igual repressão de impulsos criativos, os espaços para a inovação, que permitem que os membros da força de trabalho produzam seu melhor.

Em uma reportagem do Valor Econômico, Yoshiaki Nakano (2007), professor e diretor da Escola de Economia de São Paulo e antigo secretário da fazenda do governo de São Paulo, diz que o talento tem se tornado um novo fator estratégico de produção, especialmente quando se leva em consideração a crescente competição do mercado globalizado. Sua opinião é a de que a era baseada apenas no estado da arte do conhecimento, ou seja, da aplicação do conhecimento em problemas deduzíveis, já passou. Atualmente, o fator diferencial é a capacidade de resolver problemas complexos de forma inédita, ou seja, o talento baseado na criatividade, o qual se destaca pela capacidade de ir contra a corrente, gerar novas ideias e perceber novas oportunidades de aplicação do conhecimento e geração de soluções inéditas.

Amabile (1998) também argumenta que a criatividade é uma das virtudes mais importantes na economia do conhecimento atualmente, mas muitas empresas adotam estratégias gerenciais que acabam por matá-la. A maneira com que isso é feito consiste de um tema polêmico para muitos: a motivação intrínseca das pessoas, isto é, o forte desejo interno de fazer algo baseado em interesses e paixões. Dirigentes matam sem querer a criatividade por não saberem que esta é, em grande parte, consequência da motivação intrínseca, a qual eles se esforçam ao máximo para neutralizar, ou até mesmo destruir. Eles encaram os interesses intrínsecos das pessoas como algo nocivo à sobrevivência da empresa, mas não percebem que a empresa depende justamente dessa paixão que as pessoas têm por suas obras. Eles primam pela produtividade, eficiência e controle, que aliás constituem imperativos de negócio importantes, e ao mesmo tempo menosprezam a criatividade.

Dirigentes devem, portanto, mudar sua maneira de pensar, e perceber que a criatividade é constituída de três partes: o conhecimento especializado, a habilidade de pensar de maneira flexível e imaginativa, e a motivação. As duas primeiras podem ser influenciadas pela gerência, mas fazê-lo é extremamente complexo, lento e custoso, pois depende muito mais das próprias pessoas. É muito mais eficaz trabalhar o terceiro quesito, ou seja, aumentar a motivação intrínseca. Para isso, dirigentes têm à disposição cinco pontos a abordar:

1. a quantidade de desafio que eles dão aos empregados;
2. o nível de liberdade que eles concedem em torno de processos;
3. a maneira com que projetam grupos de trabalho;
4. o nível de encorajamento que eles dão; e
5. a natureza do apoio organizacional.

Das três partes da criatividade –
o conhecimento especializado, o pensamento imaginativo e a motivação –
somente uma é, na prática, acessível à gestão: a motivação.

A motivação intrínseca, por exemplo, é alta quando os empregados se sentem desafiados, mas não pressionados pelo seu trabalho. A tarefa dos dirigentes se torna então atribuir os papéis adequados aos seus empregados. A liberdade, a motivação intrínseca e, portanto, a criatividade, evidenciam-se quando os dirigentes deixam os empregados decidirem como alcançar seus objetivos, e não quais objetivos alcançar. Em resumo, dirigentes podem fazer a diferença quando se trata de criatividade, gerando empresas verdadeiramente inovadoras que não apenas sobrevivem, mas também se sobressaem.

> *A criatividade precisa da motivação.*
> *A motivação precisa de desafio e autonomia.*
> *Se você deseja a dedicação de uma pessoa criativa,*
> *não a pressione. Desafie-a.*

3.1.2   Persuasão e política

Outro aspecto importante na proposição e no desenvolvimento de projetos dessa natureza é a questão do patrocínio, uma vez que dele depende o investimento de recursos, os quais, numa visão imediatista típica da gestão industrial, seriam muito melhor empregados alhures. Por tudo isso, persuasão e política são características essenciais no desenvolvimento de tarefas criativas (Dudeck e Hall, 1991) (Simonton, 1984).

Os empreendimentos criativos devem demonstrar a imaginação de seus proponentes na hora de "vender" a ideia. Oportunidades verdadeiramente ousadas e com grande potencial podem ser simplesmente abandonadas ou até mesmo veementemente refutadas se não forem fundamentadas e defendidas de modo criativo, atraindo a atenção da alta gestão.

Entretanto, essa criatividade usada para "vender" a ideia pode não ser suficiente para atrair a atenção da alta gestão em um ambiente industrial tradicional. O fracasso em alguns casos é inevitável, já que o ambiente é desfavorável a empreendimentos criativos, mas saber negociar e persuadir é uma habilidade essencial que o empreendedor criativo deve possuir. Caso contrário, resta-lhe unir-se a um incentivador que possua essas características e atuar como uma equipe na fundamentação de empreendimentos ousados.

> *O empreendedor criativo, em um ambiente industrial tradicional,*
> *deve saber fundamentar e negociar suas ideias,*
> *e ser extremamente persuasivo.*

Há um conceito subjacente importante no aforismo de George Bernard Shaw, no capítulo "Sonos outros", sobre a postura do inventor e do empreendedor: a tentativa de convencer a alta gestão de uma empresa sobre uma questão que apresenta uma grande oportunidade de empreendimento usando a estratégia da primeira frase, ou seja, mostrando a ela como as coisas são e indagando "por quê?" não é adequada, pois causará o efeito contrário, qual seja, de resistência por parte dos ouvintes. A segunda frase representa a estratégia que a pessoa empreendedora deve usar para obter apoio, pois o caráter de crítica ao *status quo* é substituído pelo caráter construtivo da postura representada pela frase "por que não assim?".

3.1.3 Risco

A maioria das tarefas criativas são empreendimentos arriscados. Sua natureza já pressupõe essa característica, uma vez que não se sabe ao certo qual será o caminho para conquistar a solução para o problema. Aliás, muitas vezes nem se pode dimensionar ao certo a extensão do problema, ou talvez nem se compreenda na integralidade o seu escopo.

Portanto, o risco é inerente ao empreendimento criativo. Muitas vezes, ele pode até ser identificado na própria mente das pessoas, ou em seu estado de espírito, em seu ânimo, em sua motivação. Se uma pessoa não está disposta a criar em um determinado instante, resultados não serão concretizados.

Essa é a principal razão pela qual as tarefas criativas não devem ser muito atreladas à marcação de ponto, ou seja, ao controle de presença ou "assiduidade" dos profissionais.

Empreendimentos criativos são inerentemente arriscados,
e devem estar livres do controle exacerbado.

Três fontes de risco parecem ter significativo impacto em empreendimentos criativos:

1. A geração de uma ideia viável não está assegurada: obter ideias inovadoras é algo completamente dependente da criatividade das pessoas. Isso significa que aqueles parâmetros mencionados anteriormente, dos quais a motivação é um dos principais, podem exercer um impacto muito grande. Muitas vezes, mesmo que o ambiente de trabalho seja completamente favorável à criação, a geração de ideias que levem a uma solução tão inovadora quanto o desejado também não está garantida.

Resumindo, dependendo das circunstâncias, é possível que os resultados obtidos não sejam os esperados.
2. Mesmo que a ideia seja gerada, não há garantia de que ela possa ser implementada: uma característica do processo de pensamento de uma pessoa criativa é a de não se atrelar muito ao mundo real, à maneira como as coisas devem ser feitas, se algo é realmente factível ou não. No mundo das ideias, tudo é possível. Muitas vezes, as ideias geradas podem não levar a um produto realizável, ou então o produto final pode não ser viável sob o ponto de vista econômico ou técnico.
3. Mesmo que o seu desenvolvimento seja bem-sucedido, não há garantia de que o produto final seja um sucesso: o produto final pode não ser bem aceito por seus potenciais usuários, levando o projeto a ser malsucedido em termos de resultados e aplicabilidade. Em algumas áreas, esse problema pode ser causado por falhas em processos correlatos, tais como marketing ou publicidade.

Concluindo, o risco que decididamente está implícito em empreendimentos criativos implica a necessidade de experimentação e a necessidade de tolerar falhas (Andriopoulos e Lowe, 2000) (Quinn, 1989).

A experimentação e a tolerância a falhas são requisitos básicos de empreendimentos criativos.

3.2 Pessoas criativas

Os autores de um estudo do The National Academies (2003), sobre a interseção entre a computação, as ciências humanas e as artes, alegam que o que faz uma ação ter ou não ter o caráter inovador é em parte uma questão de personalidade, não obstante haver muito pouco estudo sobre criatividade na psicologia. Entretanto, as pesquisas científicas mostram que existe uma tendência de pessoas criativas serem independentes, não conformistas, não convencionais, e até mesmo boêmias, além de ter interesses abrangentes, maior abertura para novas experiências, uma nobre flexibilidade comportamental e cognitiva e uma maior ousadia em termos de correr riscos.

Em outras palavras, pessoas criativas gostam de crescer. Mais do que isso, elas só conseguem viver crescendo. Se suas atividades profissionais não permitem seu crescimento, ou proporcionam apenas um crescimento limitado ou insignificante, ela perde a motivação e deixa de produzir. A motivação, como já mencionado, é essencial em empreendimentos criativos.

Devido a isso, as pessoas criativas estão em constante desenvolvimento por meio de seu significativo investimento pessoal na aquisição de conhecimento e experiência. Sua identidade está intimamente vinculada ao trabalho que está desenvolvendo e às conquistas a ele relacionadas (Rostan, 1998).

Essa característica que as pessoas criativas têm de utilizar o trabalho como fonte de identidade tem duas implicações marcantes nos estudos que objetivam a compreensão de sua natureza e de seu comportamento, a saber:

1. Oportunidades para conquistas profissionais e o reconhecimento que as acompanham são motivadores poderosos para pessoas criativas (Chalupsky, 1953).
2. O alvo de avaliação para pessoas criativas é tipicamente a profissão em vez da instituição específica à qual está vinculada (Bradway, 1971) (Goulder, 1958) (Organ e Green, 1981).

O poema do capítulo "Sonos outros" faz alusão à natureza sonhadora das pessoas criativas. Em seus empreendimentos, elas ficam em constante dilema, pois o sonho só existe enquanto a obra está sendo desenvolvida. Uma vez concluída a obra, acaba-se o sonho. As pessoas criativas gostam de (e precisam) vivenciar a concretização de sonhos. Entretanto, a satisfação de concluir uma obra não compensa a frustração por não mais poder vivenciar seu desenvolvimento. Por isso, tão logo concluam uma obra, passam a sonhar novamente. Esse é o motivo pelo qual essas pessoas estão constantemente realizando, constantemente sonhando, constantemente empreendendo.

Em 1981, realizou-se um estudo que fez uso de preferências de atividades com vistas a avaliar a motivação de cientistas e *managers* em termos de conquista, de afiliação e de poder.

O termo cientista, seja no meio acadêmico quanto no meio empresarial (muito embora este último não seja um cenário muito comum no Brasil), refere-se àquela pessoa que, por meio da metodologia científica, investiga novos paradigmas, novos métodos, novas tecnologias, novos produtos, novas maneiras de se fazer as coisas. Pressupõe-se que essa pessoa seja dotada de conhecimento especializado, uma vez que o termo cientista implica a titulação de doutor, ou no mínimo mestre.

O termo *manager* se refere aqui àquela pessoa cujo papel é gerir algum processo ou algum grupo de pessoas no contexto empresarial. Trata-se, portanto, de um cargo administrativo, e é normalmente ocupado pelas pessoas que fazem carreira em uma determinada empresa, ou estão inseridas em um contexto politizado. Dado seu significado bastante específico, optou-se aqui pelo uso do termo original em inglês.

O estudo em questão, realizado pelos cientistas Harrel e Stahl (1981), teve como resultado as seguintes conclusões a respeito desses dois perfis:

- Cientistas obtêm maiores notas em motivação pela conquista, ou seja, pouco lhes importa sua posição empresarial ou política, contanto que eles estejam enfrentando desafios e conquistando resultados que tragam valor.
- *Managers*, por sua vez, obtêm maiores notas em motivação pelo poder e pelas necessidades de afiliação, ou seja, seu objetivo principal é progredir em suas carreiras nas empresas em que trabalham.

Alguns comentários podem ser feitos a partir dessas conclusões. Os *managers* têm sua identidade vinculada ao meio onde trabalham. Eles desejam ser reconhecidos pela posição que ocupam, pela posição que conquistaram em sua longa jornada de dedicação a uma determinada empresa. O ápice de sua carreira está no exercício do poder, onde podem tomar decisões e atribuir as tarefas que devem ser realizadas por outros profissionais.

Os cientistas têm sua identidade vinculada às conquistas que realizam. Por esse motivo, cientistas são normalmente pessoas empreendedoras. Em sua maturidade, eles exercem o poder pelo conhecimento, onde instruem as pessoas pelas quais são responsáveis, orientando-as em seus empreendimentos. São, portanto, pessoas que lideram, não obstante muitas vezes não ocuparem cargos gerenciais. Às vezes têm dificuldades para realizar empreendimentos justamente por não terem o poder nas mãos.

Outra conclusão a que os estudos chegaram é que as pessoas criativas evidenciam forte orientação à autonomia, como relatam alguns autores (Greenberg, 1992) (Oldham e Cummings, 1996) (Pelz e Andrews, 1966).

Esse é o motivo pelo qual exercer o poder sobre uma pessoa criativa se torna um complexo desafio. Normalmente essas pessoas são vistas pelos gestores como rebeldes, pois não atentam muito para as ordens que recebem, especialmente se elas as consideram duvidosas ou destituídas do devido mérito. Pessoas criativas normalmente tendem a procurar trabalho onde essa autonomia existe. Elas não querem trabalhar apenas cumprindo ordens, sem pensar naquilo que estão fazendo. Elas querem criar. Como não atentam muito para a posição hierárquica, sua rebeldia se agrava. Elas querem conquistar desafios. Querem criar sem ter que precisar prestar contas de quanto estão trabalhando, como, que horas chegam ao trabalho e que horas vão embora. Isso significa que as pessoas criativas geram melhores resultados sob condições em que lhes é concedido pelo menos um grau moderado de autonomia.

Infelizmente, as características marcantes das pessoas criativas, a autonomia e a conquista, aliadas à falta de preocupação quanto ao poder e à afiliação, podem fazê-las ser vistas, em estruturas organizacionais tradicionais, como pessoas "meio estranhas", diferentes (Mumford, 2002).

3.3 Liderança criativa

A liderança em empreendimentos de natureza criativa requer uma postura muito distinta daquela utilizada atualmente na maioria dos ambientes profissionais das corporações.

O primeiro motivo para se adotar uma postura distinta é a natureza do trabalho a ser desenvolvido. Relembrando aquilo que foi exposto anteriormente a respeito da natureza desse tipo de empreendimento, "trabalho criativo ocorre quando as tarefas envolvem problemas complexos, cuja definição não pode ser especificada de maneira precisa, e cuja solução requer a geração de novas ideias"

Em consequência disso, o líder de tais empreendimentos não pode confiar em estruturas predefinidas. Em vez disso, ele deve ser capaz de:

- induzir estrutura e
- prover direção de trabalho

onde não há uma direção inerente. Em termos práticos, o líder de empreendimentos criativos não pode depender da estrutura empresarial tradicional. A estrutura tradicional não provê o direcionamento adequado a esses tipos de empreendimentos, uma vez que não há uma regra bem definida para fazê-lo. Em vez disso, deve induzir a estrutura de trabalho de maneira adequada ao empreendimento a ser desenvolvido e às pessoas envolvidas. Prover direcionamento em tais empreendimentos é uma tarefa que exige visão, imaginação e, além de tudo, flexibilidade para vencer as barreiras das regras. Cabe ao líder executá-la.

Líderes de empreendimentos criativos também devem saber como exercer influência. Aliás, essa é uma característica marcante do líder criativo. Ele consegue, com seu poder baseado no conhecimento, na imaginação e na habilidade de inovar, atrair a atenção e a confiança dos demais integrantes do empreendimento.

De acordo com Ahamed e Lawrence (2005), tentar encorajar estudantes desmotivados e não dispostos a se dedicar à obtenção de uma titulação avançada pode ser inútil. Entretanto, o direcionamento motivado por parte de um mentor pode melhorar a capacidade intelectual e o talento criativo de estudantes. Os autores, de forma contundente, afirmam que indivíduos motivados e autodirigidos direcionam a sociedade em vez de serem direcionados por ela. Tudo isso demonstra claramente o forte papel que o líder de equipes criativas deve ter.

Pessoas criativas são aquelas que dão direção à sociedade.

Os autores também afirmam que os atributos pessoais de estudantes avançados são únicos, mas os atributos gerais compartilhados podem ser isolados e identificados. Dessa maneira, líderes de equipes de alto nível de competência, formadas por pessoas essencialmente criativas, podem fazer convergir os talentos pessoais individuais de cada integrante, não obstante não poderem ser exatamente mapeados ou inequivocamente identificados, para formar uma grande força intelectual que conduza à inovação.

Em resumo, em virtude das características mais marcantes de empreendimentos criativos, quais sejam, a autonomia, o foco profissional, a motivação intrínseca e a orientação crítica, o líder não pode confiar em nenhuma das três armas seguintes para prover direcionamento de trabalho:

1. o poder da sua posição;

2. a pressão da conformidade; e
3. o compromisso organizacional.

Os artifícios supramencionados não só são ineficazes, mas também podem provar ser contraprodutivos por inibir a exploração, a qual constitui um requisito básico em empreendimentos criativos.

Na cultura empresarial atual, exercer uma liderança com tais características, abrindo mão dos artifícios tradicionais e fazendo uso de virtudes baseadas no conhecimento e na criatividade, pode parecer rebeldia. Conclui-se, portanto, que o líder de tais empreendimentos deve ter coragem e autoconfiança suficientes para empreender, quebrando os paradigmas que lhe são nocivos.

3.3.1 Redefinindo o significado de "falha"

Trabalhos criativos têm que lidar constantemente com a falha, com a ausência de sucesso, com erros, enfim, com as circunstâncias que causam a sensação de fracasso. No livro *Artful making* (Austin e Devin, 2003), os autores discorrem um pouco sobre essa questão, e fazem uma tentativa de categorizar os termos "falha" e "erro", uma vez que esses termos são extremamente importantes em trabalhos criativos. Claro, deve-se enfatizar aqui novamente que o mundo empresarial atual, baseado na gestão com métodos tradicionalmente industriais, tenta fugir o máximo possível de eventos categorizados por um desses dois termos. Não há espaço para erros ou falhas. Deve-se fazer tudo de maneira totalmente planejada, de maneira a se evitar ao máximo as incertezas e consequentemente a ocorrência de falhas.

Na experiência relatada no livro *Artful making*, uma empresa que investe na criatividade incentiva a ocorrência da "falha" porque ela gera novas informações. Uma falha que não gera novas e úteis informações é chamada de "erro". O exemplo didático mostrado nesse texto é o seguinte: "Toque um forno quente e queime sua mão" – isso é uma falha. "Toque esse forno novamente e queime sua mão mais uma vez" – isso é um erro. Mesmo machucado, nenhuma nova informação.

Entretanto, essa mesma questão pode ser tratada de uma maneira ainda mais ousada, como Austin e Devin continuam a argumentar em seu texto. Eles dizem que, em trabalhos verdadeiramente artísticos, não se pode aplicar uma regra tão rígida quanto "evite tocar o forno quente duas vezes". Tocar o forno quente duas vezes, ou mesmo dez vezes, pode ser aquilo que falta para gerar uma ruptura no pensamento e produzir uma ideia totalmente nova. Esse argumento deixa claro que às vezes é necessário cometer o mesmo erro diversas vezes para que se possa gerar uma inovação radical. "Queimar sua mão pode ser um pequeno preço a pagar por uma boa ideia".

3.3.2 Organização versus criatividade

A última diferença, digna de abordagem, entre liderança de empreendimentos criativos e outros tipos de liderança é a questão da relação entre duas grandezas que aparentemente lutam uma contra a outra: a criatividade e a organização.

Eric Abrahamson e David Freedman (2007) lançaram um livro bastante polêmico sobre esse assunto, intitulado *A perfect mess* (Uma Bagunça Perfeita). Os autores defendem a ideia de que a bagunça (ou falta de ordem) não é nociva ao ambiente empresarial ou mesmo à vida pessoal. Aliás, eles vão além, afirmando que a desorganização é benéfica, pois permite que as pessoas sejam mais eficientes e percam menos tempo.

Pessoas desorganizadas são normalmente vistas como ineficientes, pois não conseguem nem encontrar tempo para se organizar, muito menos para estabelecer prioridades. São vistas, portanto, como confusas. Entretanto, esse mito é questionado pelos autores, que afirmam que elas são mais eficientes do que as pessoas organizadas.

A criatividade lida com ideias inusitadas, inesperadas. Um ambiente totalmente organizado sufoca os impulsos criativos. Tudo está em ordem, não se pode tirar nada do lugar, tudo é feito com muito cuidado, não se pode experimentar nada diferente, tudo é muito bem conhecido, não se faz nada diferente...

Realmente a organização parece estar em constante luta contra a criatividade. Um exemplo que utilizo em minhas apresentações descreve um profissional artista que, ao voltar de sua jornada empresarial, chega à sua casa e despe sua roupa de profissional e se entrega ao mundo da criação, envolvendo-se em atividades artísticas.

Se essa pessoa, ao chegar a casa, encontra-a totalmente organizada, cada coisa em seu devido lugar, seu violão guardado em seu estojo, que por sua vez encontra-se cuidadosamente encaixado no armário que fica lá no sótão, ela não consegue percorrer todo o caminho até conseguir empunhar sua ferramenta de criação, o violão. Ela é massacrada pela quantidade de esforço necessário para poder tocar cinco minutos que fossem em seu instrumento. Vale lembrar aqui que esse tipo de pessoa normalmente já carrega consigo certa preguiça inerente no que tange a tarefas mecânicas.

Se, em contraposição, nosso personagem chegar a sua casa, cansado de um longo dia de trabalho, pensando em relaxar, dando um pouco de vazão à sua criatividade, abrir a porta e avistar, jogado em cima do sofá, o seu violão, ele sentar-se-á imediatamente, lançará mão de seu refúgio criativo e ficará dez minutos tocando, quem sabe produzindo algo novo.

Então permanece a pergunta: Em qual das duas situações a sua casa é mais organizada? Em qual das duas situações a sua casa é mais produtiva? As respostas são óbvias. Mas qual é a situação ideal para cada um de nós? Bem, isso é uma questão de escolha.

3.3.3 Avaliação profissional

A avaliação de desempenho de profissionais constitui uma importante ferramenta para a valorização e para o reconhecimento do trabalho de profissionais que obtêm êxito em suas atividades e criam valor para a empresa. Entretanto, existem questões relacionadas a esse processo que certamente colocam em cheque os seus resultados e impactos. Se o processo de avaliação não for realizado de maneira impecável, ele pode surtir efeitos extremamente nocivos ao ambiente de trabalho e principalmente sobre a vida profissional de algumas pessoas, impactando significativamente suas vidas sob o aspecto emocional e consequentemente a força de trabalho da empresa.

Isso se torna ainda mais sério se o processo de avaliação for um fator determinante para a evolução da carreira dos profissionais, determinando, por exemplo, a evolução salarial ou acesso a cargos normalmente cobiçados pela maioria das pessoas.

Os três principais fatores que determinam a validade de um processo de avaliação profissional são os seguintes:

1. a composição da "banca de avaliadores";
2. os critérios de avaliação;
3. as ações tomadas em relação a cada profissional em função do resultado da avaliação.

O primeiro fator, composição da banca de avaliadores, pode tomar como base a hierarquia organizacional da empresa ou o conhecimento da vida profissional e o relacionamento com o profissional a ser avaliado. A vantagem da primeira base é que a banca pode ser única para todos os profissionais avaliados, ao passo que a segunda base necessariamente será diferente para cada profissional. A vantagem da segunda base é que o resultado da avaliação será mais confiável, uma vez que as pessoas que compõem a banca conhecem a pessoa avaliada suficientemente bem.

Os critérios usados no processo de avaliação, que compõem o segundo fator, desempenham um papel preponderante em seu caráter e, consequentemente, em seus resultados. Em um ambiente operacional, submetido à gestão tradicional baseada no controle, dá-se foco a critérios que refletem esse aspecto operacional. Exemplos de critérios que são usados nesse caso são aqueles que focam o contexto do trabalho e a aderência a processos. Tais critérios obviamente prejudicam os profissionais com perfil criativo, uma vez que eles estão constantemente enxergando coisas, por assim dizer, fora do contexto, e estão também constantemente desafiando os processos, as regras, em prol de uma melhor metodologia de trabalho.

Critérios voltados ao contexto de trabalho tendem a valorizar as pessoas que exercem atividades mais operacionais e que não envolvem muito desafio. É um critério que retira o valor da mente que vislumbra novos cenários, que imagina novas soluções, que está atenta a novas oportunidades e novos riscos de negócio. Normalmente as pessoas criativas têm fama, aos olhos dos profissionais que desenvolvem atividades operacionais, sejam gerentes ou não, de não serem muito obedientes. Dependendo de como um avaliador percebe este quesito, ele pode considerar que as pessoas criativas estão constantemente vendo as coisas de maneira diferente, implicando uma certa rebeldia ao contexto da empresa, e que elas não "vestem a camisa" da empresa (uma vez que, como vimos anteriormente, elas pensam mais em sua carreira profissional do que em sua carreira dentro da empresa), e que, portanto, não merecem ser consideradas irrepreensíveis sob esse aspecto.

Critérios que focam a aderência a processos podem ser usados pelos gestores que tenham a intenção de valorizar a obediência às regras estipuladas em todos os aspectos corporativos, especialmente aquelas que dizem respeito à maneira como as atividades devem ser exercidas. Este item tem um efeito avassalador às pessoas criativas, as quais, por definição, não têm foco em processos e tendem a não assimilar tarefas repetitivas.

Portanto, se as atribuições de uma pessoa estão relacionadas à experimentação, à pesquisa, ou a alguma outra atividade baseada na criatividade, ela certamente não obterá reconhecimento adequado neste quesito.

Deve-se ressaltar que não estão em jogo aqui as regras de conduta, mas as regras que regem as atividades profissionais. Sob esse aspecto, os avaliadores podem enxergar as pessoas criativas pela sua ousadia, tendendo a pensar que elas inerentemente à sua natureza são desobedientes, e não respeitam qualquer regra. Isso pode, sim, ser verdade, mas as pessoas criativas, maduras, conhecem o valor das regras, e exploram oportunidades não obstante a existência de regras.

Em contrapartida à ênfase descrita, definida pelos critérios usados em um processo de avaliação, podem-se usar outros tipos de critérios com vistas a valorizar o desempenho de pessoas criativas e empreendedoras. Quais seriam eles? Os três critérios descritos a seguir são bons exemplos.

O primeiro parece bastante óbvio: Empreendedorismo. Não há possibilidade de sobrevivência no mundo empresarial de hoje se não houver empreendedores que estejam atentos aos movimentos de mercado. São eles, os empreendedores, que fazem a diferença e acrescentam novas atividades e novos negócios à vida da empresa, mudando gradativamente seu papel perante a sociedade. Empreendedorismo pode ser representado de maneira simplista pelo verbo fazer.

O segundo critério vai um pouco além de "fazer". Trata-se da inovação, que acrescenta à palavra "fazer" o adjetivo "novo". Fazer algo novo é um desafio. É necessário quebrar barreiras para "inventar" no mundo empresarial. Entretanto, hoje em dia a inovação se consolida como algo essencial para a sobrevivência de uma empresa. As pessoas devem inovar constantemente para conquistar diferencial competitivo.

O terceiro critério constitui a base para a inovação, a saber, a criatividade. Saber dar vazão à criatividade exige desenvoltura do líder. Explorar as potenciais ideias na mente das pessoas é um desafio que, se abordado de maneira satisfatória, pode render muitos frutos às pessoas envolvidas e à empresa, trazendo valores que podem ser fundamentais para seu futuro.

Por último, o terceiro fator que determina a validade de um processo de avaliação profissional é constituído pelas ações tomadas relativamente aos profissionais avaliados com base nos resultados obtidos. Se não houver uma política bem definida, por exemplo, elogios formais, evolução salarial, evolução de cargo e reprimendas a posturas inadequadas, não há por que, em última análise, fazer a avaliação. Uma avaliação sem objetivos específicos apenas desgasta profissionais, e pode ser encarada como "perda de tempo". Pior, além de implicar perda de tempo, traz sérias consequências nocivas ao ambiente empresarial.

A avalição de pessoas é um assunto sério demais para ser conduzido por pessoas.

Escolher a ênfase que se deseja dar ao processo de avaliação profissional, por meio da definição de critérios, determina gradativamente o caminho que a empresa almeja trilhar, pois guia os profissionais em suas atitudes e em sua postura. Os profissionais passam a incorporar o alvo que lhes é apresentado como ideal, e acabam se balizando por tais diretrizes. Se não houver um redirecionamento que enfoque a criatividade e a inovação, a empresa tenderá cada vez mais a realizar apenas aquilo que sempre realizou, sem se preocupar com as tendências, com novas possibilidades de negócios e com uma postura de liderança de mercado, o que caracteriza um perigo iminente à sua sobrevivência.

Vale também observar que avaliar pessoas segundo uma visão de gerência controladora é muito mais fácil do que segundo a visão da criatividade, especialmente porque esta é altamente subjetiva. Além disso, a cultura empresarial ainda gira em torno da gerência controladora, e as pessoas estão acostumadas com esse processo.

Experiência prática

Para ilustrar as diferenças de postura nas metodologias de avaliação mencionadas anteriormente, é relatada a seguir a comparação entre o primeiro modelo, focado no operacional e avaliado por gerentes, que fora aplicado oficialmente a um profissional envolvido em projetos de P&D de uma empresa, e o segundo modelo, focado em empreendedorismo, em que o profissional foi avaliado pelos seus colegas de projetos.

Muito embora o profissional estivesse cumprindo seu papel, tendo sido contratado pela empresa para desempenhar aquele tipo de atividade, voltado a soluções científicas e experimentais por meio de P&D, a gestão de sua unidade funcional encontrava-se naquele momento em um contexto que privilegiava questões operacionais e as atividades do dia a dia.

Em decorrência desse cenário, o protagonista da experiência relatada aqui estava inevitavelmente na contramão relativamente ao direcionamento e às estratégias da unidade funcional. Essa situação levou a uma distorção ainda maior no processo de avaliação com base no primeiro modelo, pois poucos integrantes da banca de avaliação, para não dizer nenhum, estavam inteirados do papel daquele profissional, ou ao menos compreendiam a natureza de suas atividades e seus empreendimentos.

A tabela 3.1 e a tabela 3.2 ilustram respectivamente o primeiro modelo, focado no operacional, e o segundo modelo, focado no empreendedorismo. As diferenças são significativas. Não obstante o caráter informal da comparação, pode-se perceber que adotar uma metodologia de avaliação é uma tarefa complexa e desafiadora.

As diferenças entre os dois modelos são:

1. A composição da "banca de avaliadores": a primeira com base na hierarquia organizacional da empresa. A segunda com base no nível de conhecimento relativamente às atividades do profissional avaliado.
2. Alguns critérios usados na avaliação: no primeiro modelo, foram usados alguns critérios que privilegiam atividades operacionais. No segundo modelo, foram usados alguns critérios que privilegiam a postura empreendedora.

Tabela 3.1 *Avaliação formalmente aplicada a um profissional empreendedor, focada no operacional e executada pelos gerentes.*

Requisitos Técnicos					Requisitos Pessoais								
Domínio da Área	Sintonia com o Contexto	Comunicação	Representatividade	Resultados Obtidos	Desenvolvimento Profissional	Motivação	Dar Feedback	Receber Feedback	Lidar com Conflitos	Negociações	Tomada de Decisões	Liderança	Média
7,4	7,6	7,3	7,1	7,1	7,9	7,3	7,9	7,1	6,8	7,4	7,7	7,5	**7,4**

Tabela 3.2 *Avaliação feita informalmente para estudar as diferenças de postura, aplicada ao mesmo profissional, focada no empreendedorismo e executada pelos colegas de projetos.*

Requisitos Técnicos					Requisitos Pessoais									
Domínio da Área – P&D	Emreendedorismo	Habilidade para Inovar	Criatividade	Representatividade	Resultados Obtidos	Desenvolvimento Profissional	Motivação	Dar *Feedback*	Receber *Feedback*	Lidar com Conflitos	Negociações	Tomada de Decisões	Liderança	Média
9,3	8,3	9,2	9,5	8,7	8,5	8,7	7,7	8,5	8,7	7,5	7,7	7,7	8,3	8,5

Os critérios que diferenciam os dois modelos são os seguintes: no primeiro, "sintonia com o contexto" e "comunicação". No segundo, "empreendedorismo", "habilidade para inovar" e "criatividade". Além disso, o item "domínio da área" tem significado distinto nos dois modelos. No primeiro, esse item significa o número de áreas de conhecimento que o profissional domina dentro de seu contexto de trabalho. Os graus mais altos foram atribuídos aos profissionais que tinham domínio em três ou mais áreas. No segundo modelo, esse item significa o grau de profundidade do conhecimento do profissional especificamente em atividades de P&D.

Esses critérios desempenham um impacto significativo no resultado da avaliação, mostrando graus baixos no primeiro modelo e graus altos no segundo modelo, evidenciando a ênfase dada na avaliação.

Os resultados mostram que os critérios "domínio da área" e "representatividade" obtiveram graus completamente diversos nos dois modelos. No primeiro item, a discrepância vem da diferença de conceito, mencionada anteriormente. No segundo item, a discrepância provavelmente é consequência da falta de sintonia que os avaliadores tinham com as atividades do profissional avaliado. É provável que esse fato também tenha influenciado, em parte, o primeiro item.

Houve discrepância também em todos os critérios enquadrados nos "requisitos pessoais", com graus significativamente maiores no segundo modelo.

Deve-se também observar a consequente discrepância no resultado final da avaliação, que se mostra muito significativa. Essa discrepância evidencia que o processo usado para a avaliação formal do profissional não estava maduro.

O resultado deste experimento, por ser informal e ter sido composto por apenas um caso, não pode ser considerado representativo, mas é uma indicação de como o processo de avaliação é complexo e constitui um grande desafio nas corporações. A avaliação de um profissional feita pelos seus colegas de projetos pode muito bem ter um resultado pior do que aquele feito pelo corpo gerencial. Aliás, em certos ambientes de trabalho isso é muito frequente. Nesses ambientes, profissionais tendem a avaliar mal seus colegas provavelmente devido à competição. O resultado é uma avaliação feita pelos pares com notas mais baixas do que a avaliação feita pelos gerentes.

Entretanto, se realmente se considerar que a avaliação feita por pessoas que conhecem o trabalho do profissional avaliado é mais confiável, um resultado de avaliação muito pior por parte dos colegas de trabalho pode significar um ambiente de trabalho comprometido, o que exigirá uma nova postura do profissional, em que se deve considerar seriamente a possibilidade de mudança de equipe ou área.

Para finalizar essa questão, segue um pequeno lembrete: quando um profissional é avaliado de maneira inadequada, isso pode gerar *stress*, desmotivação, indignação e consequentemente improdutividade, que é exatamente o oposto do que se deseja.

Crônicas corporativas

A lei e a cultura

A existência de um estreito relacionamento entre a lei e a cultura é incontestável. A lei reflete muito os valores e costumes de um povo e também determina de maneira significativa o comportamento dos indivíduos, uma vez que o ser humano, via de regra, funciona sob ameaça. Infelizmente nós só fazemos certas coisas, desempenhamos certos papéis ou executamos certas tarefas pura e simplesmente porque somos obrigados a isso pela lei.

Por outro lado, a lei existe porque há um pensamento superior de preocupação com o bem-estar da sociedade, cuja motivação é digna, nobre. Mas se é assim, qual é o motivo pelo qual, muitas vezes, reclamamos da lei? Ora, a razão é simples. A lei generaliza, e tenta fazer com que o correto prevaleça sobre o errado, pelo menos na maioria das vezes. Há casos em que algum processo intermediário falha, comprometendo assim a sentença final. De qualquer maneira, a motivação da lei é realmente nobre.

Nas corporações, a lei está mais do que nunca presente. Entretanto, ela não está confinada aos padrões de comportamento, éticos e culturais. Ela está presente também nos processos, e regula em maior ou menor grau as atividades das pessoas. Mas até que ponto o rigor da lei é saudável em um ambiente corporativo no que diz respeito às atividades profissionais? Ora, depende da natureza do trabalho. Algumas atividades exigem um alto grau de disciplina. Outras têm um direcionamento contrário, exigindo liberdade de imaginação e criação.

A maneira com que uma empresa estabelece o escopo da lei em suas atividades é crucial na determinação de sua evolução, podendo até se tornar o fator crítico de sucesso ou fracasso em seus negócios. O desafio para toda e qualquer empresa é ser capaz de discernir qual é o grau de disciplina e de liberdade que devem permear todas as suas atividades individualmente, de maneira a tornar o mais eficaz possível o seu resultado final.

Atividades operacionais geralmente necessitam de um maior grau de disciplina. Atividades que exigem criatividade, e que lidam com a imaginação, inovação e até mesmo ciência prescindem de regras tão rígidas. Aliás, torna-se até uma necessidade descartar certas regras, ou pelo menos amenizar seu rigor. A criatividade tende a não funcionar em sua plenitude sob severas regras.

O grande problema de muitas empresas atualmente é que seus dirigentes normalmente agem com base no mecanismo de poder, e ficam com isso impedidos de visualizar o potencial de seus subalternos em diversas atividades de caráter criativo. Como mencionado anteriormente, isso pode funcionar em atividades operacionais, mas sufoca toda e qualquer iniciativa voltada à criatividade ou à inovação. Tais dirigentes tendem a ter uma visão alinhada à revolução industrial, à produção em série, à automatização de processos, para obter assim a maximização dos lucros por meio de uma maior quantidade de produtos sempre idênticos.

Empresas com papel social, tais como empresas estatais, de serviços públicos, ou instituições de pesquisa, vivem com isso um antagonismo. Seus funcionários com perfil criativo se encontram constantemente em uma batalha. É-lhes atribuída uma tarefa cujas regras de execução inibem a produção de bons resultados. Profissionais com perfil operacional são promovidos, ao passo que profissionais criativos, que podem trazer grande diferencial para a empresa, são menosprezados, sendo-lhes imputada a fama de não ser produtivos.

O ambiente corporativo, não obstante o estímulo de novos modelos de gestão à criatividade e à inovação, está cada vez mais operacional, com regras rígidas que subjugam as iniciativas inovadoras.

4 A inovação científica e a criatividade

Este capítulo é uma introdução para o capítulo subsequente, que trata de maneira mais aprofundada de pesquisa e desenvolvimento (P&D). O intuito é discorrer brevemente sobre a inovação científica, expondo alguns aspectos da criatividade e seu papel no avanço da ciência. O capítulo é baseado na literatura científica e principalmente no livro *The art of scientific innovation* – cases of classical creativity, de autoria de Ahamed e Lawrence (2005).

Algumas fontes acadêmicas de literatura classificam a inovação em três níveis, de acordo com seu grau de impacto (Manual de P&D da ANEEL) (Wikipédia):

- **inovação incremental**: é aquela que não impõe nenhuma ruptura com o estado da arte e reflete apenas um pequeno avanço. Significa, portanto, uma melhoria no padrão vigente, ou um passo adiante ao longo de uma trajetória tecnológica;
- **inovação substancial**: é aquela que representa um avanço significativo e que, portanto, altera os fundamentos do estado da arte sem, contudo, impor uma ruptura com o padrão vigente. Em outras palavras, esse tipo de inovação pode introduzir um diferente produto ou serviço dentro de uma linha já existente;
- **inovação radical**: é aquela que representa uma ruptura estrutural com o padrão tecnológico vigente. Seu produto é inteiramente novo, tendo o potencial de abrir novas oportunidades e novos negócios.

Veryzer Jr. (1998) investiga as diferenças entre os processos de inovação incremental e de inovação radical, com o objetivo de apresentar ideias que fundamentem a gestão efetiva de inovação de ruptura. Para tanto, um estudo foi feito com base em alguns projetos de inovação radical explorando os fatores-chave que afetam o processo dessa categoria de inovação. O resultado de seu estudo atesta que o ímpeto para tais projetos vem da convergência de tecnologias de desenvolvimento, vários fatores contextuais e ambientais, como, por exemplo, regulações governamentais e um visionário de produto.

Iniciado por esses fatores, o processo de inovação radical foca a formulação de uma aplicação para a tecnologia emergente. Em todos os casos estudados pelo autor, as empresas que executaram os projetos desenvolveram protótipos num estágio anterior ao normalmente feito em projetos de inovação incremental. Para auxiliar na formulação de uma aplicação de produto a partir de uma tecnologia emergente, o desenvolvimento de protótipos precede a análise de oportunidades, a avaliação de atratividade de mercado, pesquisa de mercado e análise financeira.

Segundo Austin e Devin (2003), a criação de objetos de teste, ou, em termos científicos, a geração de hipóteses, é uma ação fundamentalmente criativa. Em muitas situações de negócio, a hipótese, o problema ou a oportunidade não são claramente definidos, nem se apresentam nitidamente formados. Deve-se, portanto, criá-los. Artistas colaborativos, usando o cérebro humano como sua principal tecnologia e ideias como seu principal ingrediente, trabalham de acordo com um processo iterativo cujo ciclo é de baixíssimo custo.

A obra de Ahamed e Lawrence (2005), intitulada *The art of scientific innovation – cases of classical creativity*, apresenta detalhadas experiências na academia envolvendo a criatividade, revelando características e permitindo tirar conclusões a respeito do funcionamento da mente criativa no contexto da inovação científica.

Uma vez que a inovação tem como base a criatividade, é necessário compreender o que leva um ato criativo à inovação. Com esse objetivo, os autores classificam a criatividade em dois grupos: criatividade não estruturada e criatividade estruturada. A primeira é aquela que geralmente deixa de percorrer o caminho até a inovação. Muitos cientistas, por exemplo, têm dificuldade em transformar uma ideia num conceito que possa fazer uma contribuição valiosa à sociedade. A criatividade estruturada, por outro lado, pode ser entendida como o processo de conceber o novo e desenvolvê-lo para atingir a perfeição. A disciplina científica e a precisão matemática são necessárias para fazer uma invenção brilhante.

A mente criativa e indisciplinada é um dom. Cientistas que compreendem como fazer melhor uso dessa criatividade podem proporcionar grandes benefícios para a geração contemporânea e para a geração futura, contribuindo grandemente para a evolução da sociedade. Para fazer o melhor uso dessa criatividade, o primeiro passo é aprender a trabalhá-la, moldando-a para que passe de sua forma original a uma forma que possa ser compreendida pelo mundo. Segundo os mesmos autores, a mistura entre o impulso instintivo e a formalidade de sua apresentação para uma comunidade científica é um atributo pessoal que pode ser resultado de treinamento rigoroso.

> *Para que a criatividade gere frutos,*
> *é necessário trabalhá-la e moldá-la*
> *para que deixe sua forma original*
> *e assuma uma forma que*
> *possa ser compreendida pelo mundo.*

Alunos de pós-graduação, nos níveis de mestrado e doutorado, devem ser sempre confrontados com essa realidade. Para se produzir um trabalho academicamente satisfatório, há que se liberar o impulso instintivo e criativo e formalizar sua apresentação de forma que a criatividade possa ser explicitada. Muitas vezes o orientador do trabalho acadêmico percebe a fraqueza do aluno em um dos dois campos, e deve alertá-lo sobre isso, uma vez que não há outro caminho a seguir, senão desenvolver os dois atributos para sua convergência no resultado final do trabalho.

4.1 A compreensão da criatividade

As tentativas de sistematizar a criatividade são "significativamente inúteis". Por esse motivo, a única maneira aparentemente razoável de tentar compreender a mente criativa consiste em apoiar-se nas invenções feitas por cientistas, com o objetivo de visualizar seu pensamento criativo em vez de lucubrar a respeito da lógica por trás da invenção. Por mais que estudos e trabalhos tentem desenvolver a sistematização desse processo por meio de passos lógicos, analíticos e algorítmicos detalhados e precisos, os passos intuitivos ainda são privilégio dos seres humanos (Conan, 1951).

Ahamed e Lawrence (2005), fazendo referência à teoria de Maslow, afirmam que a criatividade é espontânea no baixo nível do pensamento humano. Ela não é muito diferente da satisfação de nossas mais básicas necessidades, como a segurança e as necessidades fisiológicas. Apenas um esforço dedicado e estruturado visando à sua satisfação pode levar ao esforço necessário para as necessidades de nível mais alto, como as de ego, as sociais e as de realização.

No passado, conceitos eram frequentemente investigados para atestar sua validade e não para seu uso num empreendimento comercial. Em alguns casos, conceitos eram analisados na busca pelo conhecimento e sabedoria. Parece que cientistas frequentemente buscavam conhecimento e veracidade fundamentais genuinamente como um fim em vez de buscá-los para produzir lucro financeiro.

A criatividade verdadeira está genericamente bem cristalizada na mente do criador. Ninguém poderia pura e simplesmente aniquilá-la ou retirá-la de uma pessoa criativa, pois ela faz parte do emaranhado sistêmico que perfaz a personalidade dessa pessoa. Notoriamente observa-se que as pessoas verdadeiramente criativas buscam a verdade e se esforçam em atingir a perfeição na prática de seu trabalho.

> *Enquanto não se pode compreender o funcionamento da criatividade, o essencial é saber como usá-la de maneira eficaz.*

No mundo dos negócios, o mecanismo de inovação tem por base a criatividade, e tende a apresentar as características supramencionadas. Uma empresa inovadora sabe diferenciar o processo de desenvolvimento artístico, que gera inovação, do processo industrial, necessário para outros tipos de atividades no contexto de seus negócios.

Segundo Austin e Devin (2003), esses dois tipos de processo de desenvolvimento são bem diferentes um do outro. O de desenvolvimento industrial, ao contrário do artístico, enfatiza a importância do planejamento detalhado, com objetivos, processos e produtos rigorosamente especificados. A receita do processo de desenvolvimento industrial é mais ou menos a seguinte:

1. Separar o planejamento da produção e especializar ambos.
2. Criar uma especificação.
3. Atender à especificação.
4. Não fazer nada antes de saber que é possível fazer tudo.
5. Fazer corretamente na primeira tentativa.

Quando os profissionais da indústria agem conforme o planejamento e as especificações, eles dizem que seus produtos e processos têm qualidade. Os princípios do desenvolvimento industrial estão tão arraigados no pensamento industrial que se tornam transparentes e, portanto, imperceptíveis. Sua aplicação é reflexiva. Eles são "a maneira com a qual fazemos coisas". Mas os métodos industriais podem distorcer a realidade e inviabilizar a inovação.

O processo de desenvolvimento artístico é baseado na criatividade dos integrantes de um determinado projeto, e gera resultados de acordo com a matéria-prima disponível, ou seja, a experiência, a ousadia, a criatividade e a empatia do grupo como um todo. Por tudo isso, o papel do líder é fundamental na inovação, porque ele canaliza as ideias e abre as portas para a inovação.

Deve-se esclarecer, entretanto, que os dois processos não são mutuamente excludentes. Cada um tem o seu papel na maneira em que produtos são desenvolvidos. O problema é que gerentes e administradores tendem a tentar solucionar problemas de natureza artística com métodos industriais. Isso deve ser corrigido, para que o processo de inovação possa fluir.

4.2 O caminho entre a criatividade e a inovação

Ainda segundo Ahamed e Lawrence, apesar de não existir um procedimento padrão de operação (*standard operating procedure – SOP*) (alguns conhecem como procedimento de operação padrão – POP) para o processo da invenção, cientistas podem aumentar a probabilidade de que uma invenção seja alcançada como resultado. Historicamente, sabe-se que o pensamento inovador de muitos cientistas, aliado à profundidade de seu esforço, pode levar a uma invenção ou a uma contribuição relevante. Há, portanto, ordem e rigor na metodologia usada na transição de um devaneio intelectual (*intellectual drifting*) para uma invenção (*inventing*).

Entretanto, não se pode de maneira nenhuma negligenciar o fato de que o item essencial da inovação é realmente a criatividade, e mesmo ela pode ser conquistada, ou pelo menos exercitada. Ahamed e Lawrence sugerem que os pesquisadores devem desafiar o tradicional, explorar o inexplorado, e usar pesquisa avançada para atingir o alvo mais alto possível do empreendimento intelectual: a criatividade genuína. E dizem mais: um toque de gênio, uma faísca de criatividade, e intuição além da ordinária são a base da inovação.

> *Ter uma grande ideia significa obter os ingredientes necessários para o produto. Inovar com base nessa ideia significa obter o produto final a partir dos ingredientes.*

Todavia, como não há um entendimento formal de como a criatividade se realiza, seu processo de aprendizado se torna extremamente nebuloso. Os autores, nesse sentido, argumentam que, se há um processo de aprendizado da criatividade, esse processo está mais perto da osmose de pensamento em comunicações do que nas palavras da racionalidade conversacional.

De fato, percebe-se que a criatividade das pessoas pode crescer quando elas estão inseridas em um ambiente criativo. Aparentemente, as pessoas podem exercitar sua criatividade convivendo com pessoas criativas e participando de suas atividades. Entretanto, para que isso ocorra, é necessário que tal pessoa esteja com a mente aberta e com uma compreensão clara, na medida do possível, dos mecanismos que regem o funcionamento da criatividade em termos práticos, uma vez que ainda não existe um modelo teórico que a descreva. Ela tem que querer e buscar ser criativa.

A figura 4.1 ilustra o constante duelo entre a criatividade e a organização, porém não tem a intenção de representar um modelo formal. Nessa ilustração, o próprio formato das três entidades representadas demonstram esse duelo. As atividades relacionadas à criação ou concepção de soluções têm caráter essencialmente criativo, necessitando liberdade quanto à organização. As atividades de execução têm o caráter oposto, preconizando a organização em detrimento da criatividade. A inovação só acontece quando se combina os dois caracteres, isto é, quando se realiza a convergência entre a criatividade, para a concepção da solução, e a organização, para obter um produto final.

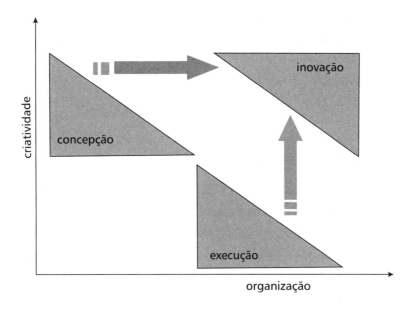

Figura 4.1   *Ilustração da inovação como resultado da convergência entre a criatividade e a organização.*

No mundo empresarial atual, infelizmente, a criatividade não é uma meta, tampouco uma ferramenta bem-vista. Em vez disso, lucros e produtos são sua motivação primária. Por essa razão, a criatividade pode ser abandonada quando alvos econômicos imediatos têm prioridade. Apenas indivíduos dedicados continuam buscando a satisfação de sua curiosidade intelectual.

Talvez o outro grande motivo para o distanciamento entre empresa e criatividade seja, na verdade, o temor de estar lidando com algo sobre o qual não existe maneira de se ter controle completo. As empresas fogem de valores subjetivos, e não reconhecem devidamente trabalhos baseados na criatividade, por não seguirem, via de regra, um processo conhecido, ou pelo menos explicitável.

Em empresas com alta susceptibilidade de ingerência política, esse efeito se torna mais significativo. Os dirigentes que ocupam cargos políticos podem se sentir ameaçados quando não conseguem acompanhar ou controlar as atividades dos profissionais. Em um ambiente assim, a criatividade é desvalorizada e, na medida do possível, afastada do dia a dia da empresa, a qual adota um paradigma de gestão que gira em torno da organização e da seriedade (a gestão industrial tende a não enxergar a criatividade como algo sério).

Além disso, em casos mais extremos (e não por isso infrequentes), o instinto de autopreservação de grandes corporações pode se tornar uma barreira para o progresso científico. Há casos na história da evolução tecnológica onde se pode ver claramente o impacto da postura de uma determinada grande corporação, resultando em atrasos no desenvolvimento tecnológico mundial.

4.3 Indicadores de inovação científica

Mensurar resultados de P&D e de inovação científica é uma tarefa muito complexa, senão impossível. Medir o conhecimento produzido num empreendimento, o qual causará, além de impactos diretos, impactos posteriores em atividades correlatas, significa medir algo abstrato ou apenas parcialmente visível. Esta seção trata do tema "indicadores de inovação científica", porém já com a ressalva de que o tema envolve um grau de subjetividade muito grande e, por esse motivo, pode escapar ao interesse daquelas pessoas mais metódicas, que estão acostumadas a tomar decisões com base em números.

Furtado e Queiroz (2005) propõem uma classificação de indicadores de inovação da seguinte maneira:

> **Indicadores de insumo**: representam o valor investido e o esforço humano usado.
> **Indicadores de intensidade tecnológica ou de P&D**: representam o esforço feito pelas empresas em P&D, contabilizado pela razão entre o valor investido em P&D e o valor de sua receita.
> **Indicadores de produto**: o indicador de produto mais conhecido é a patente de invenção, e é usado muito comumente para medir inovação tecnológica. Entretanto, seu uso isolado não constitui uma ferramenta de mensuração adequada, pois, dependendo de vários parâmetros e circunstâncias de mercado, nem sempre uma invenção gera uma patente.

Mas, afinal, o que é uma patente? Uma boa definição pode ser encontrada na enciclopédia livre Wikipédia. A patente é uma concessão outorgada pelo Estado, a qual garante ao seu titular o direito de explorar comercialmente a sua criação. A contrapartida por parte do titular é a disponibilização, para acesso público, de informações relativas ao conhecimento dos pontos essenciais da invenção e as reivindicações que caracterizam a novidade do invento, ou seja, os pontos que caracterizam a invenção propriamente dita (Wikipédia).

Com isso, apesar de ter sua invenção revelada ao público, o inventor garante para si os benefícios da exploração temporária de seu novo produto. Ao mesmo tempo, o mecanismo subjacente ao conceito de patente faz com que as invenções sejam, com o tempo, "absorvidas" pela sociedade e seus benefícios a ela sejam estendidos. Portanto, dentro do prazo de validade da patente, o inventor tem exclusividade na exploração comercial, ou seja, seus potenciais concorrentes ficam impedidos de exercer qualquer atividade comercial que utilize a invenção.

Na verdade, a patente é apenas uma das modalidades de propriedade industrial. Há variações entre diferentes fontes de literatura no que tange à taxonomia, especialmente no que diz respeito às classificações de modalidades. Portanto, não obstante a importância daquilo que é conhecido genericamente como "patente", é necessário retroceder um pouco e discorrer sobre a classificação da propriedade intelectual como um todo.

Segundo a *World Intellectual Property Organization* (WIPO), a propriedade intelectual protege os seguintes assuntos:

- trabalhos literários, artísticos e científicos;
- performances de artistas, fonogramas e transmissões (*broadcasts*);
- invenções em todas as áreas de atuação humana;
- descobertas científicas;
- projetos industriais;
- *trademarks*, marcas de serviço e nomes e designações comerciais;
- proteção contra competição desleal;
- todos os outros direitos resultantes de atividades intelectuais nos campos industriais, científicos, literários e artísticos.

A propriedade intelectual pode ser subdividida em dois ramos:

- direito autoral;
- propriedade industrial.

O direito autoral diz respeito aos direitos outorgados aos autores de obras intelectuais, sejam elas literárias, artísticas ou científicas. Na realidade, o direito autoral é subdividido intrinsecamente em dois. O direito de autoria visa a proteger o autor, enquanto o direito de cópia (*copyright*) visa a proteger o produto em si.

A propriedade industrial visa a proteger as obras inéditas realizadas no contexto industrial ou de comércio. Ela pode ser subdividida em três modalidades:

1. Patente de invenção (PI): é um direito dado ao inventor pelo Estado por um determinado período de tempo, tipicamente vinte anos. Trata-se de um incentivo para encorajar a inovação, que por sua vez contribui para o desenvolvimento da qualidade de vida humana.
2. Modelo de utilidade (MU): serve para proteger inovações com menor carga inventiva. Normalmente se aplica a inovações em elementos físicos, tais como utensílios e pequenos equipamentos.
3. Desenho industrial (DI): diz respeito a projetos e produção de bens de consumo ligados à vida cotidiana, especialmente no que tange a seu aspecto estético. Exemplos típicos incluem mobiliários domésticos e urbanos, eletrodomésticos, automóveis e veículos em geral, máquinas e motores.

As patentes de invenção, os modelos de utilidade e os desenhos industriais, em conjunto com as marcas, os nomes, as indicações de proveniência ou denominações de origem e a repressão da concorrência desleal, formam o que é conhecido como propriedade industrial. Deve-se notar, entretanto, que, no Brasil, uma ideia não pode ser protegida pelos institutos da Lei de Propriedade Industrial. Dessa forma, um produto de software, que é considerado uma ideia, não pode ser patenteado no Brasil, mas é passível de proteção intelectual.

A inovação científica e a criatividade   75

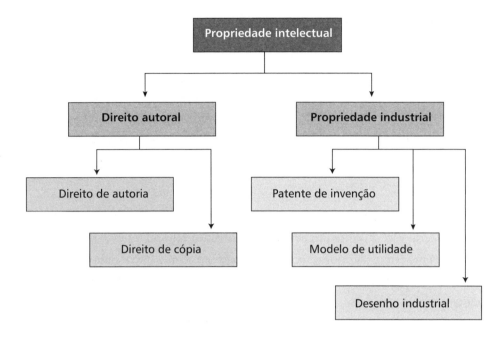

Figura 4.2   *A propriedade intelectual e sua classificação.*

A figura 4.2 ilustra a classificação das modalidades de propriedade intelectual descritas neste livro. Entretanto, vale lembrar que há diferenças entre fontes literárias.

Outra restrição ao uso da patente como indicador de inovação é sua heterogeneidade entre diferentes países, tornando-a inadequada para estabelecer comparações de caráter internacional.

Existem diferenças de parâmetros também dentro de diferentes setores da indústria, o que reduz ainda mais o potencial de uso da patente como indicador, tornando-a parcialmente efetiva em comparações dentro do mesmo setor industrial e dentro do mesmo país.

Para piorar ainda mais a situação, algumas empresas utilizam uma estratégia competitiva que consiste em blefar, por meio do depósito de patentes, com o único propósito de confundir seus concorrentes.

Por esses e outros motivos, apesar de toda a badalação em torno das patentes, decididamente ela não representa um bom indicador de inovação. Forjar conclusões baseadas em análises do número de patentes depositadas serve apenas para fins políticos ou de marketing. É necessário um mecanismo que aglutine indicadores complementares.

> *A patente de invenção não pode ser usada isoladamente como indicador de inovação, uma vez que depositar uma patente pode não fazer parte da estratégia da empresa e, além disso, está sujeita a outros fatores circunstanciais.*

Michael Porter, referência mundial quando se trata de estratégias globais, afirmou certa vez, durante um evento, que o Brasil tem representatividade insignificante em termos de inovação. Ele se baseou em comparações entre o número de patentes requeridas em países desenvolvidos e o número de patentes requeridas por empresas brasileiras.

Apesar de que seu argumento tenha fundamento no sentido de que o Brasil apresenta certa inércia para produzir inovação, fato este observável no ambiente empresarial brasileiro, ele baseou sua assertiva apenas em estatísticas referentes a patentes, que constituem dados apenas parciais. É fato que o Brasil apresenta problemas nessa área, mas não é possível afirmar que o país não tenha potencial para ser um grande inovador.

Muitas empresas, na realidade, nem têm interesse em depositar patentes. Uma marca muito famosa de refrigerantes, por exemplo, nunca patenteou sua fórmula, pois isso implicaria revelá-la ao público. Como a patente constitui um direito temporário, a empresa perderia seu grande negócio. Ao contrário, a empresa registrou apenas sua marca, deixando sua fórmula em segredo.

Podem existir outros motivos para uma empresa não depositar patentes. Uma delas é o seu próprio custo. Uma pequena empresa pode inventar um novo produto e optar por não patenteá-lo, uma vez que ela não deseja correr o risco de ter despesas com a patente e não obter o lucro vislumbrado, tornando a invenção um péssimo negócio em termos financeiros.

Existe outro indicador que, embora mais complexo, mostra-se mais indicado para mensurar a inovação, muito embora também careça de maior precisão. Sua base vem das pesquisas de inovação apoiadas no Manual de Oslo – OECD (1997), e é denominado de "taxa de inovação". Ele mede o número relativo de empresas que introduziram pelo menos uma inovação tecnológica em um determinado período, que em geral é estipulado em três anos, sobre o conjunto total de empresas.

Para se mensurar algo tão subjetivo como o grau de inovação, na realidade, deve-se usar uma miscelânea de indicadores para afastar distorções e aumentar a precisão da mensuração. Os indicadores que melhor descrevem os resultados da inovação tecnológica consistem dos seguintes parâmetros:

1. O número de inovações, tanto de produto quanto de processo, que uma empresa gerou em determinado período.
2. O grau de impacto econômico que uma inovação exerce em termos de resultados financeiros (percentual em relação ao total).

Outro indicador que pode dizer muito a respeito das políticas de um determinado país relativamente à inovação é o investimento que este realiza de acordo com os setores do governo e da indústria. Uma pesquisa realizada no Brasil revelou que as vinte atividades industriais mais inovadoras (claro, de acordo com algum indicador ou conjunto de indicadores) representam aproximadamente 24% das vendas líquidas da indústria brasileira (Anpei, 2007).

Tabela 4.1 *Investimento em inovação pelos setores do governo e da indústria em alguns países.*

País	Governo	Indústria
Japão	0,6	2,2
Coreia	0,6	1,9
Estados Unidos	0,7	1,8
Alemanha	0,8	1,7
França	0,8	1,2
Inglaterra	0,5	0,9
Brasil	0,6	0,4
Espanha	0,55	0,5

Fonte: (Anpei, 2007).

A pesquisa mostra ainda os investimentos de alguns países em percentagem de seus produtos internos brutos (PIB). A tabela 4.1 mostra esses dados segmentados pelos setores do governo e da indústria, ou seja, mostra quanto o governo e a indústria do país investiram em inovação tomando como referência o PIB do país.

Apesar da presença dos indicadores de inovação supramencionados em estudos e análises de mensuração, deve-se sempre ter em mente que é muito difícil, ou mesmo impossível, executar uma medição precisa nesse contexto. Um dos motivos é que tais dados são difíceis de ser levantados, e sua natureza é complexa e muitas vezes subjetiva.

Alguém mais rebelde poderia argumentar: "Mas até que ponto vale a pena se empenhar em produzir mensurações precisas em vez de gastar o esforço em inovar, progredir, avançar e deixar os resultados falarem por si?".

Mensurar os resultados obtidos é algo extremamente salutar para que se possa realizar uma gestão adequada. Além disso, os resultados obtidos devem ser não só evidenciados, como também preconizados, exaltados e divulgados com todo o empenho possível. Acima de tudo, os resultados obtidos devem servir de fundamento para novas oportunidades.

Entretanto, pode-se gastar, muitas vezes, tempo demais na tarefa de produzir a mensuração mais precisa possível. Uma vez que é impossível chegar a um resultado exato nessa mensuração por causa da natureza do empreendimento e da subjetividade de muitos de seus benefícios, torna-se muito mais lógico evidenciar os benefícios produzidos de maneira qualitativa em vez de quantitativa.

Crônicas corporativas

Síndrome do botão vermelho

A globalização tem produzido efeitos significativos na sociedade, especialmente no que diz respeito à organização e à gestão de empresas no mundo corporativo. Alguns desses efeitos são indiscutivelmente benéficos, porém outros, no fim das contas, mostram-se maléficos.

Depois da onda de fraudes na contabilidade de empresas norte-americanas ocorrida nos últimos anos, as leis se tornaram mais rígidas, com o objetivo de evitar ou minimizar a possibilidade de fraudes nas empresas, por meio de mecanismos legislatórios que promovem a transparência nas informações e um maior controle na situação econômica das empresas cujas ações são negociadas em bolsas de valores dos Estados Unidos.

A Lei Sarbanes-Oxley, mais conhecida por sua abreviação SOX, tornou-se a âncora desse empreendimento. Com isso, empresas com ações em bolsas norte-americanas devem seguir um rígido processo de gestão, o qual pode se refletir em toda a cadeia de processos da organização. Tais empresas se veem agora com um grande desafio, que consiste em adequar sua maneira de funcionar, e, portanto, sua cultura, às novas regras. Em princípio, essa correria que as empresas têm tido que enfrentar se apresentam como uma obrigação que atrapalha e até impede a continuidade e a evolução de trabalhos e atividades em andamento, mas ela se traduz, na realidade, num esforço emergencial para enfim colocar em ordem processos que vinham sendo conduzidos de maneira inapropriada.

Não obstante essa faceta benéfica da lei, há outras questões que deveriam ser abordadas com mais cuidado. Elas têm um caráter mais abstrato, mas que podem influenciar grandemente a produtividade da empresa no longo prazo, dependendo da forma com que são abordadas. Um dos exemplos que mais chamam a atenção é a segregação de funções. Esta é uma diretriz que tem como principal objetivo assegurar que o desempenho de uma determinada função não implique a perda de confiabilidade de outra. Em outras palavras, existem funções que não devem ser desempenhadas pela mesma pessoa, sob pena de tornar o processo ilegítimo. Por exemplo, uma pessoa responsável pela fiscalização de um processo não pode ser responsável por um outro processo sujeito à mesma fiscalização.

Para obedecer essa lei, algumas pessoas defendem a ideia de que os funcionários devem ter acesso ao mínimo necessário para executar suas funções.

Sua filosofia é permitir o mínimo possível para que as chances de fraudes sejam reduzidas. Essa postura pertence ao mundo do negativo, pois assume que, exceto com comprovação do contrário, as pessoas são uma ameaça à instituição, porque são mal-intencionadas. No mundo do positivo, as coisas funcionam de maneira inversa. As pessoas são bem-intencionadas, exceto quando comprovado o contrário. A preocupação não é apenas com fraudes, mas também com a minimização de erros em processos. No mundo do negativo, pode haver um menor número de erros, uma vez que tudo é proibido, exceto se permitido, mas isso pode ser contrastado com uma maior desenvoltura no mundo do positivo, onde tudo é permitido, exceto se proibido.

A preocupação dessas empresas é realmente digna. Quem não quer se prevenir contra possíveis fraudes? Entretanto, elaborar um mecanismo que previna consequências indesejadas sem prejudicar de alguma maneira o desempenho dos profissionais e da empresa é uma tarefa bastante complexa.

A supramencionada lei pode levar a empresa a limitar as atividades de profissionais àquelas que pertencem formalmente à função que desempenha. Isso pode resultar em um fenômeno ao qual nos referíamos antigamente como "síndrome do botão vermelho", segundo a qual uma pessoa é responsável, por exemplo, por acionar um botão e apenas isso, sendo, portanto, proibida de fazer qualquer coisa diferente.

Uma medida assim vai contra o mecanismo pelo qual a inovação baseada na criatividade funciona, uma vez que a base desse processo, a saber, a experimentação, é desestimulada, tirando das pessoas o poder e o direito de imaginar soluções alternativas e conceber o novo, o que constitui a base da evolução da sociedade. Em um caso extremo, a empresa estará confinada, e terá que se conformar com isso, a fazer sempre mais da mesma coisa, e sempre do mesmo jeito.

Portanto, o desafio, independentemente de leis, consiste em atingir um equilíbrio entre o rigor da organização e a liberdade para criar e vislumbrar novos horizontes.

5 P&D – Pesquisa e Desenvolvimento

O termo P&D significa "pesquisa e desenvolvimento". Pesquisa, nesse caso específico, significa "investigação". Talvez um termo mais adequado para P&D fosse realmente I&D – investigação e desenvolvimento, como na língua espanhola.

Esse termo, P&D, é cercado de alguns mitos e de alguns mal-entendidos. Portanto, torna-se aconselhável discorrer sobre seu significado, especialmente no que diz respeito ao mundo empresarial. Além disso, refletir sobre os mitos em torno desse termo pode trazer uma melhor compreensão sobre o assunto e, acima de tudo, seus impactos no mundo empresarial.

Após discorrermos brevemente sobre os mitos, passaremos para a conceitualização do termo P&D com vistas a atingirmos uma adequada compreensão do assunto. Posteriormente, analisaremos com cuidado o cenário mundial no que diz respeito a pesquisa e desenvolvimento, incluindo algumas estatísticas relevantes.

5.1 P&D: Mitos

O mito mais significativo, muito utilizado no mundo empresarial como desculpa para não realizar aquilo que não se sabe realizar ou aquilo que é necessário realizar, mas não há boa vontade para tal, é de que P&D não traz benefícios práticos. Pessoas que se utilizam desse argumento normalmente vão além, dizendo que projetos de pesquisa só existem na universidade. Esse argumento salienta a dicotomia existente, especialmente no Brasil, entre o mundo acadêmico e o mundo empresarial. Esse argumento será analisado com mais profundidade na sequência.

Confunde-se produtividade com a realização de tarefas rotineiras, esquecendo-se de que a inovação é a principal arma para o ganho substancial na produção.

Outro mito presente especialmente nas empresas é que um projeto de P&D pode dar errado. Vamos esclarecer o que se deseja dizer com essa frase. É evidente que um projeto de P&D pode dar errado, assim como outro qualquer, se a devida atenção não for prestada, se o descaso sobrepujar a iniciativa e o projeto for abandonado. Mas a verdadeira intenção da frase "um projeto de P&D pode dar errado" é afirmar que o resultado do projeto pode se mostrar inadequado. Entretanto, esse argumento se mostra totalmente equivocado, uma vez que a natureza de atividades de P&D pressupõe o caráter investigativo e de aquisição de conhecimento sobre o tema estudado.

Quando não há capacidade de se realizar um determinado empreendimento, costuma-se depreciar tanto seu caráter quanto seus potenciais resultados.

Pode-se fazer, para propósitos ilustrativos, uma analogia entre o conhecimento gerado num projeto de P&D, mesmo que se constate que o método proposto não se mostra adequado, e as características da água. Se se deseja evitar a presença da água em determinado local, é necessário anular todo e qualquer orifício, por menor que seja, para evitar sua infiltração. Se houver um caminho possível, a água vai encontrá-lo e marcará sua presença. Da mesma forma se comporta o conhecimento. Muitas vezes pensa-se que determinada atividade de P&D não surtiu o efeito desejado, e não se percebe que o conhecimento atingido pode ser significativo, assim como a experiência e o impacto na maturidade das pessoas envolvidas.

O conhecimento tem o poder de se infiltrar nas mais diversas atividades e deixar sua marca na qualidade dos resultados obtidos, muitas vezes quebrando paradigmas bem estabelecidos e algumas vezes causando um salto evolutivo em seu ambiente.

Mais um mito interessante: constantemente se ouvem no ambiente empresarial frases do tipo "eu quero participar do projeto de P&D, mas só do P e não do D", ou então "Ei, cuidado! O projeto é de Pê e Dê! Preste atenção no D!". A primeira frase é típica do profissional que não gosta muito de esforço, e que acha que pode passar a vida apenas lendo ou estudando. Ele, assim como a maioria das pessoas no mundo empresarial, costumam quebrar o termo P&D em P e D, causando a completa destruição de seu conceito. A segunda frase é típica de um dirigente mal informado, que faz questão de frisar que quer ver "coisas feitas", ou seja, que a atividade de P&D tem que produzir algo palpável como resultado. Em todos esses casos, costuma-se separar o P do D, por se achar que o importante numa empresa é o D, ou seja, "coisas feitas".

Tudo isso pode ser resultado de fatores humanos, do temor que as pessoas têm, por exemplo, de encontrar alguém que detenha um determinado conhecimento e que o utilize para gerar resultados, ganhar produtividade, criar, empreender e, portanto, sobressair-se dentre as demais, acirrando a competitividade entre os profissionais. Existe também o temor de que pessoas pretensiosas iniciem atividades que envolvam a aquisição de conhecimento, mas que não tenham espírito empreendedor suficiente para aplicar o conhecimento na produção de resultados satisfatórios. Em suma, existe no mundo empresarial um temor generalizado de que iniciativas de P&D não tragam resultados satisfatórios. Isso se deve, como veremos posteriormente, ao fato de que a mentalidade vigente no mundo empresarial, especialmente neste país, é de seguir os passos de sociedades mais desenvolvidas, em vez de buscar a inovação e produzir resultados absolutamente novos, que tragam rentabilidade sem precedentes.

Infelizmente a cultura vigente em alguns países ditos emergentes se traduz em ações voltadas ao agora, ao imediato. Existe uma forte resistência a pensar no futuro. Existe, a meu ver, uma pobreza de espírito no tocante ao tamanho e à abrangência das conquistas. Pouquíssimas empresas são gerenciadas de forma a buscar um grande salto em sua evolução. A maioria delas está sempre ali, onde sempre esteve, fazendo mais da mesma coisa, enfim, sobrevivendo em seu mundo restrito.

> *A cultura gerencial vigente em países ditos emergentes reflete a filosofia de seguir os passos dos líderes, em vez de buscar seu caminho na criação de novas soluções e, por conseguinte, no desenvolvimento de sua sociedade.*

Em suma, "pesquisa e desenvolvimento" é o termo que remete a atividades científicas e, portanto, investigativas (lidam com o desconhecido), que trazem como fruto principal o desenvolvimento, seja tecnológico, social ou mesmo humano. Atividades de pesquisa e desenvolvimento normalmente produzem ingredientes para a inovação científica e, de maneira mais abrangente, a evolução da sociedade.

5.2 P&D: Conceitualização

Para podermos compreender o termo P&D, é necessário trazer à tona o correto significado da palavra "desenvolvimento", a qual parece gerar confusão especialmente no contexto empresarial.

Um exemplo clássico de confusão de termos está na área de tecnologia da informação em empresas: um aplicativo computacional está em produção quando está operacional, ou seja, pronto e disponível para ser utilizado. Por outro lado, o aplicativo computacional está em desenvolvimento quando está sendo produzido, ou seja, quando está sendo construído. É certo que diferentes áreas do conhecimento estabelecem significados particulares para um termo específico. Nossa intenção aqui não é mudar a cultura de linguagem das diversas áreas do conhecimento, mas apenas analisar com a profundidade necessária aquilo que pode influenciar nossa concepção dos termos aqui estudados, a saber, aquilo que gira em torno de P&D e inovação.

Segundo o dicionário Aurélio (2004), a palavra desenvolvimento significa adiantamento, crescimento, aumento, progresso. Isso significa que a utilização da palavra para designar atividades de execução, construção e implementação, por exemplo, é equivocada. O termo "desenvolvimento de produto" não significa construir um produto. Significa, sim, conceber, projetar, criar o produto. Desenvolver não inclui colocar o produto criado em linha de produção. O desenvolvimento ocorre quando ainda não se sabe como o produto pode ser construído. No ciclo de inovação tecnológica, por exemplo, existem fases bem distintas, tais como a pesquisa aplicada e o desenvolvimento experimental, que constituem caminhos que podem ser trilhados para se criar um novo produto. Outras fases, tais como a construção do lote pioneiro e a inserção no mercado, não podem ser consideradas como pertencentes ao processo de desenvolvimento, pois nessas fases o produto já foi criado.

Claro, esse é um mundo meio nebuloso. Para se criar um software, por exemplo, há que se programar. Mas programar não significa "produzir software". A programação é utilizada tanto para criar como para produzir software. De forma análoga, no setor automobilístico, pode-se criar um novo automóvel, e estudar os novos conceitos por meio da elaboração de um protótipo. Posteriormente, o automóvel poderá ser produzido em série.

A confusão com o significado da palavra "desenvolvimento" é o principal motivo pelo qual muitas pessoas de áreas produtivas confundem o termo P&D, atribuindo à letra D da sigla o significado de "construir", uma vez que é essa a conotação usual da palavra "desenvolvimento" nessas áreas. Esse fenômeno pode ocorrer em diversos contextos e em diversas áreas da ciência.

Mas não é só a palavra "desenvolvimento" que traz confusão e muitas vezes impede a correta compreensão do termo "pesquisa e desenvolvimento". A própria palavra "pesquisa" pode ser usada em diferentes contextos. Uma enquete feita com moradores de um bairro em uma cidade, por exemplo, é conhecida como "pesquisa". No próprio meio profissional, qualquer tipo de atividade que envolva uma busca por informações pode ser encarada como "pesquisa".

Nos países de língua espanhola, o termo correspondente a P&D é conhecido como "investigação e desenvolvimento", que, aparentemente, é muito mais apropriado. Deve-se notar que a palavra "investigação" não caracteriza exatamente, como no caso da palavra "pesquisa", uma atividade científica, mas certamente tem um melhor apelo.

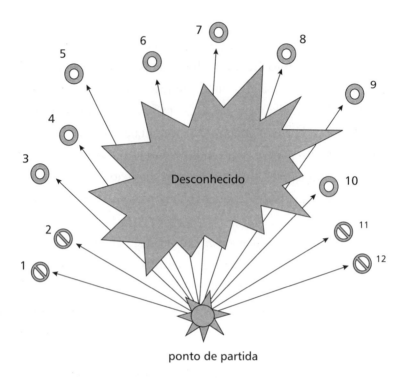

Figura 5.1 *Caracterização de P&D: atividades que passam em algum momento pelo desconhecido podem ser consideradas, pelo menos parcialmente, P&D. Este não é o caso das atividades 1, 2, 11 e 12, as quais não podem ser consideradas P&D. As demais atividades passam, em maior ou menor grau, pelo desconhecido, implicando a geração de conhecimento. Dentre estas, as atividades 3, 9 e 10 apresentam menor grau de P&D.*

5.2.1 Lidando com o desconhecido

Independentemente do termo adotado em nosso idioma, antes de começar a falar sobre P&D, é necessário que se tenha uma clara compreensão do termo. Pesquisa e desenvolvimento significa fazer investigações de caráter científico com vistas ao desenvolvimento, seja de uma técnica, de um produto, de um serviço, ou mesmo da sociedade.

Uma das características marcantes de uma atividade de P&D é que ela lida com o desconhecido. Se se constatar que um projeto não lida em algum ponto ou sob algum aspecto com o desconhecido, esse projeto não pode ser categorizado como de P&D. O fato de que o contexto de P&D é o desconhecido implica o fato de que P&D, por definição, gera conhecimento.

A figura 5.1 ilustra algumas atividades que podem ser caracterizadas como de P&D e outras que não podem. Dentre as que podem ser consideradas P&D, algumas lidam essencialmente com o desconhecido, estando nele inseridos de forma integral. Outras lidam com o desconhecido apenas sob alguns aspectos, mas nem por isso devem deixar de ser consideradas como P&D.

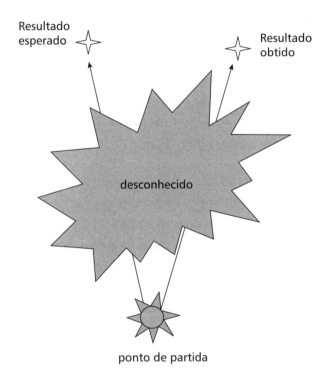

Figura 5.2 *Resultados de P&D: os resultados obtidos em uma atividade de P&D normalmente são diferentes daqueles vislumbrados no ponto de partida.*

Outra característica marcante de projetos de P&D é que, dado que lidam com o desconhecido, os resultados obtidos são normalmente diferentes daqueles vislumbrados quando de seu início, como ilustrado na figura 5.2. À medida que o projeto progredir e o conhecimento for adquirido, o projeto deve ser redirecionado. Isso quer dizer que um projeto de P&D nunca pode ter seus resultados rigorosamente previstos.

Entretanto, vale salientar que os resultados relacionados ao conhecimento adquirido no projeto têm uma abrangência muito grande e muitas vezes são difíceis de mensurar. Tais resultados incluem o impacto causado em outras atividades e projetos relacionados devido ao novo conhecimento adquirido e à maturidade adquirida pelos profissionais envolvidos.

5.2.2 A categorização da pesquisa: áreas, temas e linhas de pesquisa

Existe muita confusão entre os termos usados para categorizar as atividades de P&D. Alguns usam o termo "linhas de pesquisa" para designar a área do conhecimento predominante em um projeto. Outros usam esse termo para designar a área de aplicação de um projeto. Aparentemente não há uma convergência inequívoca sobre o significado dos termos que visam à categorização das atividades de P&D. Entretanto, com base na literatura, podem-se advogar os seguintes significados para os termos mais comumente usados:

- Área do conhecimento: são as disciplinas que a atividade de P&D abrange, de acordo com a nomenclatura vigente na esfera acadêmica.
- Tema: são os assuntos aos quais as atividades de P&D se relacionam, podendo ser entendidos como seu domínio de aplicação.
- Linha de pesquisa: de acordo com o Conselho Nacional de Desenvolvimento Científico e Tecnológico (CNPq, 2008), uma linha de pesquisa *"representa temas aglutinadores de estudos científicos que se fundamentam em tradição investigativa, de onde se originam projetos cujos resultados guardam afinidades entre si"*.

O que acontece na prática é que as pessoas elaboram seus conceitos mentais e os usam da maneira como acham mais lógico. O termo "área do conhecimento" é o termo mais concreto, pois significa a disciplina da Ciência. O termo "tema de pesquisa" nos leva a imaginar algo voltado a um fim específico, a uma aplicação. O termo "linha de pesquisa", por sua vez, traz à tona uma ideia voltada ao conhecimento específico.

Dessa maneira, não há um relacionamento cíclico entre os três termos. Um tema de pesquisa pode envolver diversas linhas de pesquisa, pois uma aplicação específica depende do conhecimento especializado em diversas áreas do saber. Da mesma forma, uma linha de pesquisa pode ter como alvo diversos temas de pesquisa, pois o conhecimento especializado pode ter diversas aplicações.

Um grupo de pesquisa, por exemplo, pode trabalhar em diversas linhas de pesquisa, e cada uma delas pode se relacionar com diversos temas. Cada um desses temas pode se relacionar com outras linhas de pesquisa de diferentes grupos.

Apesar de toda essa confusão, a melhor conclusão a que podemos chegar é que o tema de pesquisa se relaciona mais fortemente com a aplicação e a linha de pesquisa com o conhecimento específico.

Para fins ilustrativos, um projeto enquadrado no tema "Veículos Elétricos" envolveria predominantemente a área de Engenharia Mecânica e a de Engenharia Elétrica, assim como outras áreas do conhecimento, tais como Engenharia de Materiais, Química e até mesmo Design. O projeto poderia estar inserido numa linha de pesquisa intitulada "Desenvolvimento de Tecnologias Alternativas de Propulsão". Deve-se notar que, como mencionado anteriormente, essa linha de pesquisa pode se relacionar com diversos temas. Neste exemplo, veículo elétrico é um caso específico de veículos com propulsão alternativa. Por outro lado, há outros tipos de conhecimento aplicáveis a veículos elétricos.

Prosseguindo na ilustração, uma linha de pesquisa intitulada "Técnicas de Visualização Científica Aplicadas à Medicina" poderia abraçar um projeto com título "Visualização Científica em Planejamento Radioterápico por Tomografia Computadorizada", que estaria inserido no tema "Ferramentas Avançadas de Diagnóstico Médico". Novamente, deve-se notar que a linha de pesquisa diz respeito ao conhecimento específico (visualização científica), que pode ter diversas aplicações além dessa. Por sua vez, o tema de pesquisa está voltado à aplicação em si (diagnóstico médico), que pode se beneficiar de diversos tipos de tecnologia. A principal área do conhecimento na qual esse projeto estaria inserido, de acordo com a nomenclatura vigente no CNPq, seria a Ciência da Computação, subárea "Metodologia e Técnicas de Computação" e "Processamento Gráfico" ou, como é mais popularmente conhecida, "Computação Gráfica". Outras áreas do conhecimento também estão claramente envolvidas, como é o caso da área de Medicina (radioterapia) e Engenharia Elétrica (tomografia).

A figura 5.3 apresenta um diagrama que consiste de uma tentativa de ilustrar as relações de nomenclatura com vistas a uma melhor compreensão dos termos e ao estabelecimento de uma linguagem comum nos assuntos a eles relacionados. Os grupos de pesquisa, com suas competências específicas, podem trabalhar com diversas linhas de pesquisa, todas baseadas, obviamente, em seu conhecimento especializado. Linhas de pesquisa distintas, de diferentes grupos de pesquisa, podem contribuir para um tema de pesquisa, relacionado a uma aplicação específica. Na ilustração, dois grupos de pesquisa contribuem para um tema de pesquisa. As duas linhas de pesquisa que contribuem para o tema, uma de cada grupo, têm sua representação enfatizada no diagrama.

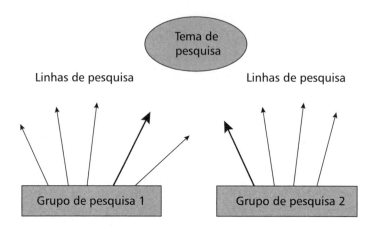

Figura 5.3 *Relações entre os termos "temas de pesquisa", "linhas de pesquisa" e "grupos de pesquisa".*

5.3 P&D: Programas

Em países em desenvolvimento, raras empresas podem se dar ao luxo de investir massivamente em P&D. Não há recursos suficientes para a maioria das empresas para investir além daquilo que é considerado essencial à sobrevivência. É sempre bom lembrar que aquilo que normalmente se considera essencial para a sobrevivência pode não sê-lo no longo prazo. Atualmente, investir em P&D, pelo menos no contexto de grandes empresas, deixou de ser um luxo para ser questão de sobrevivência. Em todo o caso, a maioria das empresas não tem como investir em P&D sem um mecanismo externo de ajuda.

O governo de países em crescimento pode fomentar o desenvolvimento de sua sociedade, com vistas ao seu desabrochamento como potência mundial, promovendo programas de incentivo a projetos de inovação e de P&D. Tais programas estão presentes no dia a dia empresarial em vários setores do mercado. Empresas de um determinado setor, por exemplo, são obrigadas a arrecadar verba de seus próprios clientes ou consumidores para a execução de projetos de P&D. Dessa maneira, um fundo financeiro é criado para que seja usado pelas empresas de maneira compulsória com vistas a gerar inovação e a trazer benefícios para a sociedade.

Tanto empresas privadas como públicas podem estar inseridas nesse tipo de programa governamental. As empresas privadas têm maior liberdade de ação, uma vez que não estão sujeitas às fiscalizações que visam a garantir o bom uso da verba pública. No contexto das empresas públicas, torna-se evidente um inerente conflito, a saber, os parâmetros antagônicos que se interpõem entre o cuidado na utilização de verba pública e a flexibilidade necessária para se empreender projetos de P&D e inovação, como veremos a seguir.

5.3.1 Rigidez no controle

O controle, como vimos anteriormente, está no extremo oposto do espectro em relação à criatividade. Em termos práticos, isso quer dizer que quanto mais se controla, mais se aniquila a criatividade. A criatividade não vive onde há controle exacerbado. Essas duas entidades são inimigas ferrenhas entre si.

Projetos de P&D implicam pelo menos certa criatividade. Idealmente, esses projetos deveriam lidar profundamente com criatividade, mas na verdade nem toda atividade de investigação necessita ser criativa. Projetos de P&D que visam a alcançar algum grau de inovação, esses sim, devem necessariamente ter caráter criativo. Portanto, quanto mais inovador for o projeto, menor o grau de controle que se deve exercer sobre ele nas atividades de gestão.

Ao mesmo tempo em que o grau de controle deve ser menor, o gerente de um projeto de P&D com características de inovação deve saber conduzir o trabalho dos integrantes, uma vez que o cenário em que um projeto desse tipo se encontra é mais nebuloso. Em certo sentido, o gerente de projeto deve, sim, controlar os integrantes para que esses não sonhem demais ou, como se diz popularmente, "não viajem demais", deixando assim de alcançar resultados e comprometendo o sucesso do projeto.

Entretanto, como mencionado no texto que discorre sobre pessoas criativas, esse controle não deve ser exercido da maneira tradicional, ou seja, por pura e simples cobrança. Pessoas criativas produzem mais quando recebem *feedback*, estímulo e desafio. Nesse sentido, a liderança do gerente de projeto deixa de ter um caráter controlador, apesar de primar pelo cumprimento de metas. Uma coisa é certa: o controle em um projeto dessa natureza não deve ser rígido. Regras não devem ser seguidas com absoluta rigidez. Flexibilidade se torna, assim, uma peça-chave para o sucesso do empreendimento.

Como diz Thompson (1965) em seu artigo "Bureaucracy and Innovation", as condições relacionadas à burocracia são determinadas por um forte direcionamento à produtividade e ao controle, e inapropriadas para a criatividade. Sugere-se que as estruturas burocráticas sejam alteradas em busca do crescimento do poder da inovação. Dentre tais sugestões, destacam-se uma estrutura mais solta, descentralização, comunicação mais livre, rotatividade nas atribuições, reestruturações mais frequentes, modificações no sistema de incentivo e mudanças em muitas práticas gerenciais.

5.3.2 Verba pública

Quando um programa de P&D tem caráter de incentivo, ou mesmo de uma obrigação legal, o cenário se torna um pouco complexo e, sob alguns aspectos, impropício para atividades de P&D e inovação. Quando o financiamento se dá por meio de verba pública, todos os mecanismos estão sujeitos, pelo menos teoricamente, às leis cujo objetivo é protegê-la contra o uso indevido ou mesmo o mau uso dos recursos, evitando assim a corrupção e também a gestão temerária.

Essas leis normalmente estabelecem regras que se contrapõem às características inerentes às atividades de P&D, regidas pela experimentação, pelo risco, pelo redirecionamento de acordo com a evolução do trabalho e por resultados que geram muitas vezes valores intangíveis ou muito difíceis de medir. A preocupação da legislação e os objetivos dessas leis são nobres, porém elas acabam por prejudicar o fomento a programas de P&D com verba pública.

Isso demonstra que as entidades governamentais responsáveis por fomento a P&D e à inovação devem conceber um mecanismo mais adequado que permita que tais iniciativas possam se desvencilhar de regulamentos contrários à sua natureza. Isso constitui um grande desafio, uma vez que as barreiras atuais consistem de leis, o que significa que a alteração da legislação se torna necessária para uma readaptação da política não só para garantir o bom uso do dinheiro público como também fomentar de forma efetiva o desenvolvimento do país.

5.3.3 Descaracterização de P&D

O principal problema causado pela fiscalização de programas de P&D, como os descritos na seção anterior que discorrem sobre o financiamento de programas por meio de verba pública, é que não existe um mecanismo concreto de avaliação dos resultados obtidos e da condução dos projetos. Tudo o que há de mais palpável é a verba investida e o cronograma. O esforço gasto em termos de recursos humanos já é algo que não se pode propriamente medir, apenas estimar, uma vez que se lida com a capacidade intelectual de pessoas.

Dessa maneira, como fiscalizar um programa de P&D com o rigor merecido, se não há parâmetros palpáveis para tal? O que acaba acontecendo é o que chamo de descaracterização de P&D, onde a fiscalização impõe certas regras que são completamente incompatíveis com a natureza das atividades em questão.

Além disso, as instituições governamentais, que estão acostumadas a executar fiscalizações rigorosas, não estão preparadas para elaborar um mecanismo adequado para avaliação de programas de P&D. Também não estão preparadas para questionar certas condutas de fiscalização, deixando, assim, de perceber que muitos de seus parâmetros de avaliação são completamente inadequados e inibem a produção de conhecimento. Muitas vezes é possível perceber, nesse contexto, a discrepância de postura entre o setor responsável por fiscalização e o setor responsável por promover a inovação dentro de uma mesma instituição.

Uma das questões fortemente abordadas na fiscalização de programas de P&D é o escopo dos projetos. Projetos industriais não são susceptíveis de mudança de escopo, a menos em ocasiões em que há motivos que justifiquem e tornem tais mudanças necessárias. Projetos de P&D são completamente diferentes nesse sentido. Pode-se até dizer que é muito provável que o escopo de um projeto de P&D mudará, se ele for bem conduzido e se caracterizar realmente como um projeto de pesquisa.

O motivo para isso é simples: em P&D, não se sabe ao certo como será a solução final. Às vezes, na realidade, nem se sabe ao certo aquilo que se deseja obter.

Outra questão importante é a contabilização de investimentos, especialmente aqueles que dizem respeito a recursos humanos. Quando se lida com conhecimento especializado, experimentação, pesquisa e criatividade, a contabilização do esforço por meio da contagem de horas de dedicação se torna completamente inadequada. Tudo depende de parâmetros pessoais, e algumas vezes de equipe, tais como a criatividade e a competência intelectual. Uma pessoa pode gastar, por exemplo, oito horas pensando numa solução para um problema e não conseguir nenhum resultado prático. Em compensação, essa mesma pessoa, dirigindo para casa após o expediente, pode ter um *insight* que pode levar a uma grande solução. Aí vem a pergunta: Quanto custaram aquelas oito horas nas quais ela se dedicou e aparentemente não produziu nada? E quanto custou aquele minuto fora do expediente em que uma grande solução foi concebida em sua mente?

Uma coisa é certa: as nossas tentativas de fiscalização de empreendimentos de P&D são completamente inadequadas. É necessário, e urgente, maior conhecimento sobre o processo em que a criatividade ocorre, assim como trabalhos essencialmente intelectuais, para que um mecanismo que assegure o bom andamento de um programa de P&D e explicite seus resultados de forma adequada seja elaborado e empregado na prática.

Por ora, talvez seja mais eficiente premiar os resultados de inovação obtidos e estimular, com isso, a produção intelectual, em vez de inibi-la, como vimos fazendo até agora.

Vale ainda fazer um pequeno comentário sobre o que as empresas pensam de empreendimentos de P&D. Muitas vezes, no contexto de uma empresa, existe uma retórica de que há interesse em empreender atividades de P&D com vistas a gerar diferencial competitivo. Entretanto, certas confusões ligadas aos conceitos de P&D podem evidenciar equívocos em sua estratégia ou mesmo em seu planejamento. Dessa forma, algumas empresas podem estar enganadas ao demonstrar interesse em empreender P&D. Para esclarecer isso, valer-nos-emos da seguinte pergunta:

"Quando se torna evidente que uma empresa não deseja fazer P&D?"

As possíveis respostas a essa pergunta são:

1. Quando a empresa deseja obter retorno financeiro em curto prazo.
2. Quando a empresa não está disposta a correr o risco de não obter exatamente aquilo que deseja em um projeto específico.
3. Quando a empresa deseja administrar os empreendimentos com um rígido controle, seja de tempo, seja de investimento.

4. Quando a empresa deseja empreender algo sobre cujo funcionamento já se tem pleno conhecimento.
5. Quando a empresa deseja obter conhecimento sobre como implantar uma tecnologia ou metodologia sem lançar mão de base científica.

5.4 P&D: Gestão

William Miller e Langdon Morris (1999), em seu livro *4th generation R&D – managing knowledge, technology, and innovation*, argumentam que P&D totalmente descentralizado, ou seja, totalmente integrado às unidades de negócio de uma corporação, pressupõe um modelo incremental de inovação que não corresponde aos anseios por resultados que tragam maior diferencial competitivo.

Ainda segundo Miller e Morris, a gestão de P&D pode ser subdividida em quatro ondas. Na primeira, que eles chamam de "primeira geração de P&D", a pesquisa era feita em laboratórios e gerenciada por cientistas. Resultados de importante impacto foram obtidos nesses laboratórios, gerando muitas vezes produtos lucrativos.

A segunda geração de P&D incorporou práticas de gestão de projetos, as quais foram desenvolvidas durante a guerra (especialmente a segunda guerra mundial), que, não obstante seus efeitos avassaladores, catalisou a evolução de atividades de P&D.

Na terceira geração de P&D, que enfatizou a gestão tecnológica, foram incorporadas na condução de pesquisa a prática de gestão de riscos financeiros, planejamento estratégico e "*roadmaps*" tecnológicos.

Por fim, na quarta geração de P&D, como proposta pelos autores, demandas dos clientes e capacitação tecnológica coevoluem, formando um processo de aprendizado mutuamente dependente. Nesse contexto, capacitação e conceitos fundamentados em tecnologia são avaliados e refinados em face das reais necessidades do mercado.

Essas novas práticas de pesquisa, reivindicam os autores, implicam mudanças significativas na maneira de conduzir P&D, pois devem guiar o processo de determinar como o novo conhecimento técnico e científico pode ser usado para identificar e satisfazer as demandas latentes de clientes.

A diferença, portanto, entre a terceira e a quarta gerações de P&D consiste basicamente em atrelar a evolução do mercado e a capacidade requerida para sustentar a competitividade em face dessa evolução.

O termo gestão de P&D pode levar algumas pessoas ao engano, uma vez que gerir P&D é extremamente diferente de gerir outros processos empresariais. O termo é muito abrangente e o assunto permeia todo o texto deste livro. Nesta seção específica, serão abordadas algumas questões importantes, a saber:

1. a inovação como meta;
2. gestão de riscos;
3. estratégia competitiva;
4. prospecção tecnológica;
5. *technology roadmapping*;
6. indicadores de P&D.

5.4.1 A inovação como meta

Um projeto de pesquisa não implica necessariamente a busca pela inovação. Existem muitos tipos de projetos de pesquisa que abordam outras questões, e passam bem longe da inovação.

Entretanto, quando se fala em "pesquisa e desenvolvimento", a situação muda, como foi discutido na seção de conceitualização de P&D. Projetos de P&D devem ter como meta a inovação, independentemente do contexto em que estiverem inseridos.

Inovação, por sua vez, não precisa ter caráter científico para ser alcançada. Inovação existe em todos os contextos imagináveis. Uma boa ideia pode se transformar em inovação ao ser implementada de maneira bem-sucedida.

P&D está estreitamente relacionado com inovação tecnológica. A inovação tecnológica consiste em criar novos produtos, processos e serviços a partir do conhecimento e das competências tecnológicas e mercadológicas da empresa, e é considerada essencial para conquistar diferenciação no mercado e garantir uma vantagem competitiva sustentável, que se caracteriza pelo seu caráter duradouro de valor, uma vez que é difícil de ser imitada. A inovação é a base do crescimento orgânico, isto é, se uma empresa empreende inovações de forma sistemática, seu futuro certamente será promissor.

Um dos pioneiros a pregar sobre o valor da tecnologia ao processo de desenvolvimento e ao sistema econômico, além dos impactos causados pela inovação na sociedade, foi o economista Schumpeter.

Tavares et al. (2005) discorrem sobre o modelo econômico de Schumpeter, enfatizando a importância dada por ele à tecnologia e à inovação. Eles afirmam que a tecnologia não é mais simplesmente uma ferramenta de auxílio aos diversos processos a que estamos expostos no cotidiano. Schumpeter reivindica que ela passou a ser uma variável endógena ao processo de desenvolvimento e ao sistema econômico. Seu papel vem se tornando cada vez mais essencial na estrutura econômica, pois as inovações que ocorrem em seu âmbito provocam mudanças impactantes no sistema econômico.

Os economistas adeptos ao modelo de Schumpeter defendem a ideia de que a inovação tem papel determinante na dinâmica da economia, além de guiar o estabelecimento dos paradigmas de competitividade econômica, especialmente no mundo globalizado. Eles defendem que a inovação é a única saída para a sobrevivência das empresas em mercados extremamente competitivos. Tais empresas, além de basear seu processo de inovação na tecnologia, devem desenvolver uma estrutura institucional mais eficiente. Do contrário, elas estarão sujeitas a desaparecer no mercado ou, pelo menos, perder espaço para as empresas que conseguem a diferenciação por meio da inovação.

5.4.2 Gestão de riscos

Empreender P&D intrinsecamente significa correr risco. Como mencionado anteriormente, um projeto de P&D tem um caráter distinto de outros tipos de projeto. Uma vez que não se sabe exatamente como será o produto final e muito menos o caminho a percorrer para que se obtenha êxito, não se pode separar esses dois elementos, quais sejam, P&D e risco. Resta saber como encarar esses riscos.

Analisar riscos em projetos de P&D é bastante complexo, justamente por causa das incertezas inerentes. Muitos autores buscam diminuir ou, em casos extremos, eliminar riscos de projetos de P&D, mas isso não tem qualquer sentido. O máximo que se pode fazer nesse contexto é categorizar os tipos de risco presentes em um projeto e analisar até que ponto vale a pena enfrentá-los.

Kasap, Asyali e Elci (2007), por exemplo, defendem a ideia de empreender análises de riscos mais profundas. Sem entrar no mérito de sua proposta, uma vez que "fazer P&D" é "correr risco", eles classificam riscos em projetos de P&D em riscos relacionados ao mercado, à tecnologia, ao ambiente e à organização.

Lee, Chung e Kim (2007), por sua vez, definem riscos em P&D no setor público como potenciais fatores obstrutivos que podem causar impactos negativos no alcance das metas de P&D sob a ótica de políticas, tecnologia, mercado, sociedade, lei e moral.

Dois aspectos devem ser analisados na gestão de riscos:

- a probabilidade de sua ocorrência;
- o impacto que eles podem ocasionar.

Esse estudo é digno de consideração porque, no Brasil, grande parte do P&D realizado está no setor público. Além disso, a abrangência de riscos de P&D do setor público parece englobar aquela relativa a P&D de outros setores, como o do setor privado.

A gestão de riscos, ainda segundo os mesmos autores, é realizada por meio do prévio estabelecimento de políticas de contramedidas para controlar incertezas que possam acarretar impactos negativos, além de um mecanismo de aplicação dessas medidas. A tabela 5.1 é uma adaptação daquela apresentada no trabalho de Lee, Chung e Kim, em que os riscos pertinentes apenas ao setor público foram retirados.

Os fatores de risco de políticas estão relacionados com decisões acerca do investimento de P&D e da seleção de domínios de investimento. Distribuição irracional de recursos aparece como um dos impactos negativos de fatores de risco administrativos. Riscos tecnológicos, por sua vez, podem acarretar o insucesso no desenvolvimento de tecnologia inovadora. Riscos sociais e de mercado impactam a aplicação e a difusão dos resultados de P&D na sociedade e no mercado. Os riscos legais estão relacionados com as incompatibilidades entre as soluções desenvolvidas e os aspectos legais. Por fim, riscos morais são aqueles referentes ao comportamento imoral do pesquisador, de sua equipe ou de qualquer outro participante, acarretando a perda de confiança no programa de pesquisa.

Tabela 5.1 *Categorização de riscos em P&D (adaptação da tabela apresentada por Lee, Chung e Kim [2007]).*

Categoria	Causa	Impacto
Fatores de políticas	Sobre ou subestimativa da factibilidade econômica. Previsão defectiva no tocante a tendências de mercado e de tecnologia. Falta de um critério razoável de alocação de recursos.	Decisões errôneas quanto à seleção de projetos de P&D. Aumento de investimento sem retorno. Turbulência causada por mudanças de políticas no mercado.
Fatores de tecnologia	Melhora da capacidade científica ou tecnológica em países concorrentes. Estabelecimento de conhecimento ou tecnologia substituta. Atraso ou insucesso no desenvolvimento da tecnologia alvo. Insucesso na obtenção de direitos de propriedade intelectual ou padrões internacionais de segurança.	Aumento no custo e prazo de desenvolvimento. Aumento de investimento sem retorno. Perda de iniciativas de tecnologia e mercado. Sucumbência da nova tecnologia.
Fatores sociais e de mercado	Lançamento de novo produto ou serviço de P&D antes da ocorrência da demanda social. Conflito entre novos produtos ou serviços. Insucesso em atingir um consenso social no tocante ao escopo de uso de novas tecnologias científicas. Ocorrência de disputas comerciais internacionais.	Formação de competição de mercado ineficiente. Atraso na industrialização do novo produto. Perda de iniciativas de mercado. Sucumbência da nova tecnologia.
Fatores legais	Requisitos legais parcialmente satisfeitos quanto ao novo produto ou serviço. Conflito entre o novo produto ou serviço e regulações vigentes.	Atraso no lançamento do novo produto ou serviço. Insucesso na industrialização da nova tecnologia. Perda de iniciativas de mercado.
Fatores morais	Uso inapropriado de fundos de pesquisa. Vazamento de segredos de pesquisa ou outras informações confidenciais. Evasão de força de trabalho de pesquisa. Apresentação de conquistas de pesquisa de maneira falsa ou exagerada.	Interrupção de projetos de pesquisa de grande potencial. Aumento de custos administrativos. Perda de confiança.

Entretanto, uma classificação mais simples e, portanto, mais prática, pode ser usada como metodologia de análise de riscos na gestão de P&D, que os subdivide em três tipos:

- os riscos intrínsecos do trabalho científico;
- os riscos ocasionados pela metodologia de gestão;
- os riscos ocasionados por fatores externos.

5.4.3 Estratégia competitiva

O tipo de postura relativa à competitividade adotada pelas empresas é objeto de diversas categorizações por parte dos estudiosos. Esta seção tem o objetivo de apresentar algumas dessas categorizações e também algumas ferramentas usadas para analisar o grau de competitividade em empreendimentos e estratégias para alcançar vantagens competitivas sustentáveis.

Ansoff e Stewart (1967), apud Nakaro (1997) propõem uma classificação de quatro tipos de estratégia tecnológica (os termos entre parênteses, traduzidos do texto original dos autores, têm objetivo didático):

1. De liderança de mercado (primeiro no mercado): esta estratégia é baseada em um programa forte de P&D, em liderança técnica e na absorção intrínseca de uma alta taxa de risco.
2. De seguidor (seguir o líder): esta estratégia é baseada em uma forte capacidade de desenvolvimento e habilidade de reagir prontamente assim que o mercado entra em sua fase de crescimento.
3. De engenharia de aplicação: esta estratégia é baseada no pronto empreendimento de modificações do produto para atender necessidades de consumidores específicos em um mercado maduro.
4. De agilidade operacional ("eu também"): esta estratégia é baseada em uma capacidade de produção superior e controle de custos.

Freeman (1974), por sua vez, define uma classificação de seis tipos de estratégia tecnológica:

1. Ofensiva: caracteriza-se pela busca da liderança tecnológica e de mercado. Pode ser considerada equivalente ao tipo "de liderança de mercado" na classificação anterior.

2. Defensiva: caracteriza-se pelo esforço em acompanhar as mudanças tecnológicas, sem, porém, preocupar-se em buscar a liderança. Procuram aprender com os que são líderes. Pode ser considerada equivalente ao tipo "de seguidor" da classificação anterior.
3. Imitativa: caracteriza-se pelo interesse nas mudanças tecnológicas, em circunstâncias em que não é possível diminuir o hiato tecnológico em relação às empresas líderes.
4. Dependente: caracteriza-se pela adoção de uma postura reativa, em que as mudanças em produtos ou processos ocorrem somente mediante a solicitação dos clientes ou matrizes.
5. Tradicional: caracteriza-se pelo completo desinteresse em mudanças, uma vez que não há pressão de mercado para mudança.
6. Oportunista: caracteriza-se pela postura do dirigente da empresa e sua sensibilidade em perceber uma oportunidade de mercado (em rápida mudança). A mudança normalmente é empreendida quando não exige muito esforço de desenvolvimento.

Relativamente à adaptação de empresas ao ambiente, Miles e Snow (1978) definem quatro posturas estratégicas:

1. Defensora: organizações com estratégia defensora mantêm um domínio produto-mercado estreito, prescindindo da busca de oportunidades fora de seus domínios.
2. Prospectora: organizações com estratégia prospectora estão em constante busca por novas oportunidades de mercado e são, portanto, criadoras de mudança e incerteza.
3. Analítica: organizações com estratégia analítica operam em duas frentes: uma estável, focada na rotina, e outra em turbulência, focada na constante busca por novas ideias.
4. Reativa: organizações com estratégia reativa, não obstante perceberem mudanças em seu ambiente, não são capazes de reagir a elas de maneira adequada, por não possuírem uma estratégia compatível e adequada relativamente à sua estrutura. Esse tipo de empresa normalmente está em constante luta pela sobrevivência, mas tende a desaparecer por não ter capacidade adaptativa às mudanças do ambiente.

Porter (1998), em sua visão de estratégia competitiva baseada em recursos, faz distinção entre dois níveis de estratégia: a primeira é aquela que poderia ser chamada de descentralizada, ou seja, focada nas unidades de negócio da empresa e, portanto, chamada de competitiva. A segunda é voltada para a visão da empresa como um todo e, portanto, denominada estratégia corporativa.

O modelo (*framework*) de Porter, conhecido como "cinco forças competitivas", pressupõe que não é apenas a estratégia de atuação dos concorrentes que determina o retorno de um investimento de uma empresa. Em outras palavras, a competição entre empresas não é função apenas da rivalidade existente entre elas, mas também da ameaça exercida pela entrada de novos concorrentes no mercado, da ameaça de produtos substitutos, do poder de barganha dos fornecedores e do poder de negociação dos clientes.

Para que uma empresa obtenha uma estratégia de atuação favorável, é necessário conhecer profundamente as forças competitivas. Esse conhecimento possibilita identificar os pontos fortes e os pontos fracos da empresa e sua situação no setor de atuação, e permite que ela tome decisões quanto às mudanças estratégicas que tragam maiores benefícios, por meio de uma visão mais detalhada das oportunidades e das ameaças subjacentes. A visão de estratégia baseada em recursos, de Porter (1980), defende, portanto, que as capacitações presentes na empresa exerçam a correta defesa contra o poder dos concorrentes, antecipando as mudanças impostas no mercado pelas forças competitivas e respondendo a elas com estratégias adequadas, melhorando a posição da empresa no mercado por meio de estratégias que tragam impacto no equilíbrio dessas forças.

Morin (1990), apud Jardim (2006), em seu discurso sobre estratégia, defende a ideia de que uma organização não deve elaborar um programa estratégico para ser rigorosamente obedecido. Em vez disso, ela deve estar constantemente preparada para dialogar com o inesperado e se ajustar aos imprevistos, pois o cenário de mercado depende de muitos parâmetros sobre os quais não se pode ter controle. A organização deve, portanto, ser ágil e se adaptar às diversas situações de forma flexível e rápida.

A visão baseada em recursos proposta por Barney (2001) considera que os recursos internos, ou seja, a capacitação interna da empresa, são os principais determinantes de seu sucesso competitivo, proporcionando vantagens competitivas sustentáveis.

Em outras palavras, as estratégias para fundamentar uma vantagem competitiva sustentável são dependentes da exploração de recursos ou capacidades que gerem valor, sejam raras e difíceis de imitar, em termos de complexidade ou de custo.

Barney (1991) afirma que a vantagem competitiva ocorre quando uma empresa implementa uma estratégia de criação de valor que não é adotada, de forma simultânea, por nenhum concorrente real ou potencial. As suposições dessa visão de que as vantagens competitivas só ocorrem em situações em que há heterogeneidade na distribuição dos recursos entre as empresas e imobilidade dos recursos das empresas, diferenciam-na dos modelos tradicionais de administração estratégica.

Existe um mecanismo para avaliar, de acordo com a visão baseada em recursos, o nível de vantagem que se pode obter em um determinado empreendimento. A análise, chamada "VRIO" (v para valor; r para raro; i para imitação; o para organização), consiste dos seguintes passos:

1. Primeiramente averiguar se o recurso ou competência em questão gera valor para a empresa. Se não gerar, fica claro que esse recurso implica desvantagem competitiva, seu resultado econômico é abaixo do normal e sua força deve ser caracterizada como baixa, ou seja, como fraqueza. Esse recurso, portanto, não deve ser apoiado pela organização em condições normais de análise.
2. Se o recurso gerar valor, mas não puder ser caracterizado como raro, fica caracterizado que esse recurso implica paridade competitiva, seu resultado econômico pode ser considerado normal e forte.
3. Se o recurso gerar valor e for caracterizado como raro, mas não for difícil de imitar, a vantagem competitiva que ele traz é temporária, seu resultado econômico pode, portanto, ser considerado acima do normal. Nesse caso, o recurso é considerado forte e de competência distintiva.
4. Se o recurso gerar valor, for caracterizado como raro e for difícil de imitar, ele deve ser fortemente apoiado pela organização, pois implica vantagem competitiva sustentável e tem resultado econômico acima do normal. O recurso é, portanto, forte e apresenta competência distintiva sustentável.

5.4.4 Prospecção tecnológica

O principal objetivo das atividades de prospecção tecnológica, segundo Carvalho (2006b), é identificar e internalizar as oportunidades e ameaças relacionadas à mudança tecnológica e, com base nisso, obter um plano de ação para abordá-las.

As atividades de prospecção tecnológica têm como foco a antecipação do futuro, e podem ser subdivididas em duas categorias: a primeira é chamada de preditiva (*forecasting*) e a segunda de construtiva (*foresight*). Além disso, elas objetivam o aprofundamento do conhecimento sobre tecnologias existentes e de suas tendências recentes.

Atualmente o termo "método preditivo" (*technology forecasting*) tem sido desvalorizado e gradativamente substituído pelo termo "método construtivo" (*technology foresight*), que pressupõe que a previsão é feita de forma mais metodológica do que a primeira. Independentemente dessa classificação, a prospecção tecnológica tem a ver com:

- a análise das aplicações do conhecimento para se determinar expectativas de futuro;
- as futuras competências tecnológicas que serão necessárias.

Essa análise gira muito em torno das aplicações em vez de focar o conhecimento científico propriamente dito, ou seja, as necessidades da prática chamam a formação de competência em determinadas áreas científicas. Prospecção não pode ser encarada como projeção, dado que seu caráter não é rigorosamente analítico, e leva em consideração a visão e o sentimento das pessoas. Com isso, essas atividades, apesar de não gerarem resultados precisos, servem para fornecer subsídios para a tomada de decisão quanto aos requisitos tecnológicos e de tempo.

As atividades de prospecção tecnológica requerem quatro elementos:

1. A determinação de um período específico de tempo;
2. O domínio tecnológico em foco;
3. Os parâmetros de desempenho da tecnologia;
4. A probabilidade de que a tecnologia se concretize no futuro.

5.4.5 Technology roadmapping

Technology roadmapping é o processo de traçar o caminho tecnológico para servir de base ao desenvolvimento e à evolução de produtos e serviços que abordem as necessidades de clientes e consumidores num prazo estabelecido no futuro. É, portanto, uma ferramenta de planejamento tecnológico, cujo objetivo principal é integrar a tecnologia às necessidades de evolução dos produtos.

Existem algumas traduções para o português usadas na literatura, tais como "rota tecnológica", "mapa tecnológico", "direcionamento tecnológico" ou mesmo "guia tecnológico". Neste livro, optou-se por usar o termo em inglês. Por quê? O motivo é simples: Nem sempre a tradução literal fornece a ideia exata expressa no idioma original. Além disso, esse tipo de termo tende a ser absorvido pelos outros idiomas, assim como o fizeram termos como "software", "layout" e outros.

Para agravar o problema da tradução, vale aqui um esclarecimento: *Technology roadmap* significa o resultado do *technology roadmapping*, ou seja, *roadmap* é um produto e *roadmapping* é um processo, uma ação.

Os benefícios proporcionados pelo technology roadmapping, segundo Carvalho (2006a), podem ser sumarizados como a seguir:

1. Auxiliar na vinculação das decisões de investimento às necessidades do negócio.
2. Estabelecer consenso sobre as principais necessidades e a maneira de enfrentá-las.
3. Planejar as iniciativas de desenvolvimento em áreas priorizadas pela empresa.
4. Identificar tecnologias críticas e lacunas tecnológicas.
5. Estabelecer um quadro de referência para a coordenação dos esforços de P&D na empresa.

A implementação do technology roadmapping é subdividida em três fases. A fase preliminar engloba a definição da necessidade a ser satisfeita, a delimitação do escopo do estudo, sua liderança, seu patrocínio e seus recursos. Essa fase é semelhante à definição de um projeto. O principal objetivo é obter uma clara percepção corporativa da motivação para se empreender o technology roadmapping. O trabalho tem caráter cooperativo e envolve a participação de diferentes grupos e funções da corporação, tais como P&D, marketing, manufatura e compras.

A segunda fase, desenvolvimento do roadmap, pode ser subdividida em sete passos:

1. Identificação das necessidades de evolução dos produtos para o período de tempo estipulado, com base no conhecimento das demandas dos clientes.

2. Identificação de requisitos críticos de desempenho do produto, uma vez que as necessidades do cliente só poderão ser satisfeitas com um desempenho compatível com a evolução proposta.
3. Especificação das principais áreas tecnológicas envolvidas, que possam contribuir para alcançar os requisitos básicos de desempenho.
4. Especificação de metas tecnológicas, por meio de *drivers* tecnológicos, ou seja, estabelecer o resultado desejado para determinados parâmetros que compõem a meta final da evolução do produto.
5. Identificação de alternativas tecnológicas, existentes, em desenvolvimento ou a ser desenvolvidas, com potencial para satisfazer as metas de desempenho dos *drivers* tecnológicos estabelecidos.
6. Priorização e recomendação de alternativas, considerando os "*tradeoffs*" relacionados a custos, rapidez, desempenho, risco, impacto competitivo, complexidade e grau de domínio da empresa.
7. Elaboração do documento final contendo a descrição do *technology roadmap*, a descrição de cada domínio tecnológico e sua situação atual, fatores críticos dos quais dependem o sucesso do technology roadmap, as áreas abordadas no technology roadmap e, por último, as recomendações técnicas e para implementação.

A última fase consiste no acompanhamento do technology roadmap, que engloba a crítica e a validação do resultado final pelo grupo de liderança e pela direção, a elaboração do plano de implementação e sua revisão periódica.

5.4.6 Indicadores de P&D

Os indicadores de P&D usados normalmente na gestão de empresas giram em torno de três critérios:

- o investimento total realizado nessas atividades;
- o resultado empresarial obtido, por meio da mensuração do impacto dessas atividades na lucratividade da empresa (retorno financeiro);
- o resultado indireto obtido, utilizando algum parâmetro conveniente de acordo com a natureza das atividades da empresa, por exemplo, o número de patentes geradas.

O resultado indireto pode exercer grande impacto *a posteriori*, o que corrobora a característica intrínseca de atividades de P&D de gerar resultados em longo prazo. O indicador mais comum é o número de patentes geradas, o qual, como discutido no capítulo 4, não constitui um índice completo. Nem sempre o depósito de patentes é conveniente à empresa no tocante à geração de diferencial competitivo.

A geração de patentes está relacionada com o processo de inovação, o que significa que, teoricamente, pode ser usada para medir resultados de P&D, uma vez que o objetivo geral dessas atividades é gerar inovação. Entretanto, vale lembrar que isso nem sempre é verdadeiro. Existem atividades de P&D cujo objetivo não é gerar uma inovação *per se*, mas contribuir cientificamente com algum processo ou metodologia. A conclusão a que se chega é que o número de patentes é apenas um dos muitos critérios que deveriam ser usados para medir os resultados indiretos de P&D.

Existe também uma observação importante no que tange ao resultado financeiro exercido pelas atividades de P&D. Uma vez que essas atividades lidam ativamente com o conhecimento, elas podem ter um grande impacto nos resultados obtidos por outros tipos de atividade. Esse impacto é gerado pelo grau de influência que o conhecimento adquirido exerce em empreendimentos correlatos. Por exemplo, um projeto de P&D pode impactar de forma significativa, por meio do conhecimento gerado, o direcionamento de outros projetos desenvolvidos na empresa. Entretanto, esse tipo de impacto trazido por atividades de P&D muitas vezes passa despercebido pela gestão da empresa e muitas vezes pelas próprias pessoas envolvidas, as quais não sabem como medir resultados dessa natureza.

Andreassi e Sbragia (2002) fizeram um aprofundado estudo sobre indicadores de P&D em empresas inovadoras brasileiras. Os resultados de seu trabalho mostraram, por um lado, que a participação de novos produtos na receita das empresas está estreitamente relacionada com o grau de investimento em atividades de P&D. Por outro lado, os futuros investimentos em P&D nas empresas estão condicionados aos resultados de vendas. Essa é uma característica de empresas brasileiras, o que mostra a necessidade de uma mudança de postura, se é que P&D realmente deva ser por elas considerado um investimento direcionado à sua sobrevivência num mercado futuro caracterizado por uma significativa dinâmica de negócios.

Talvez esteja na hora de conceber um novo mecanismo de mensuração de resultados obtidos em atividades que lidam essencialmente com o conhecimento. Os números foram e ainda são extremamente relevantes no modelo industrial, mas deixaram de exercer impacto significativo na era do conhecimento. À medida que a criatividade for ganhando espaço no contexto empresarial, os indicadores industriais vão se tornar mais limitados em termos de capacidade de expressar o nível de resultados obtidos.

Quando se fala em conhecimento, subjetividade é uma palavra chave. Números poderão ser usados para mensurar e analisar os resultados obtidos em ambientes voltados ao conhecimento, à inovação e à criatividade, mas a subjetividade reinará soberana. Isso quer dizer que os números apenas refletirão a ênfase que se deseja dar no desenvolvimento dessa análise.

Questões que ainda necessitam de especial atenção no que diz respeito a indicadores de P&D são:

- Como mensurar o impacto que o conhecimento gerado em um empreendimento de P&D exerce em outras atividades de uma empresa?
- Como mensurar o impacto relacionado à titulação de um profissional em um programa de pós-graduação *stricto sensu* nas atividades da empresa?
- Como mensurar o impacto de uma publicação científica nas atividades ou produtos de uma empresa?
- Como mensurar o diferencial competitivo adquirido quando o depósito de patentes não é conveniente?

Todas essas questões demandam uma abordagem de caráter subjetivo, que é algo temido pela grande maioria das empresas atualmente. Torna-se claro, entretanto, que a participação e a visão dos profissionais envolvidos em atividades de P&D, e especialmente de seus líderes, torna-se extremamente importante na explicitação dos resultados obtidos, englobando todos as suas distintas naturezas. É necessário também o envolvimento de profissionais que estejam ligados às atividades impactadas pelos resultados de P&D, de cunho prático, formando assim uma rede dinâmica que funcione, tanto quanto seja possível, como um organismo vivo.

Para se transformar a análise qualitativa e subjetiva dos resultados de P&D em algo que se possa analisar comparativamente, ou seja, que se possa traduzir por números, deve-se constituir uma banca de analistas que seja uniforme e tenha conhecimento profundo e experiência prática em P&D, e instituir critérios que possam tornar possível o mapeamento dos indicadores subjetivos em quantidades mensuráveis.

Dessa forma, indicadores de P&D, em sua grande maioria de caráter subjetivo, devem incluir os seguintes critérios:

1. Impacto do conhecimento gerado;
2. Qualificações profissionais obtidas (titulações: especialização, mestrado e doutorado);
3. Produção científica (especialmente publicações, considerando quantidade, qualidade e citações);
4. Diferencial competitivo obtido (oportunidades fundamentadas de novos negócios);
5. Capital intelectual (especialmente patentes);
6. Retorno financeiro;
7. Investimento realizado.

5.5 P&D: Estratégias

Programas de P&D corporativos devem ter uma estratégia bem definida. Algumas empresas pecam por não ter uma estratégia específica, deixando as atividades soltas e, portanto, sem valorização e sem explicitação de resultados. Outras empresas pecam em sua estratégia por canalizar os projetos em uma direção específica, sem levar em conta que a estratégia de carteira de projetos de P&D é extremamente importante para equilibrar os esforços, maximizar resultados e diminuir os custos.

Para uma melhor compreensão de estratégias de P&D na prática, será descrito aqui o modelo adotado por grande parte das empresas inseridas em programas incentivados de P&D. Serão descritas também as propostas de modelos estratégicos de P&D que objetivam resultados práticos de inovação tecnológica. Depois disso, será apresentada uma proposta de elaboração de carteira de projetos de P&D cujo objetivo é a maximização de resultados e benefícios trazidos pelo programa.

5.5.1 Modelo *ad hoc* de programa de P&D

O modelo atualmente adotado pela maioria das empresas inseridas em programas de P&D pode ser representado pelo diagrama da figura 5.4. Nessa figura, o eixo vertical representa o nível de conhecimento especializado. Quanto mais acima, mais especializado é o conhecimento envolvido. O eixo horizontal é dividido em duas regiões. A parte da esquerda representa a instituição de pesquisa e a parte da direita representa a empresa em cujo contexto o programa de P&D se insere.

A instituição de pesquisa é representada, em cada projeto, pelo seu pesquisador principal, o coordenador de pesquisa. Ele normalmente lidera uma equipe especialista em uma determinada linha. Os projetos são desenvolvidos sob sua coordenação e implementados pela sua equipe. A gestão de programa da parte da instituição de pesquisa interage com o coordenador de pesquisa atendo-se apenas aos aspectos burocráticos, à gestão financeira, contábil, documental e de cronograma.

Neste modelo, a empresa é representada, em cada projeto, pelo seu gerente de projeto e, quando pertinente, por uma pequena equipe de profissionais envolvidos no aspecto prático do projeto. A gestão do programa da parte da empresa também interage com o gerente de projeto atendo-se apenas aos aspectos financeiros, contábeis, documentais, fiscais e de cronograma. Quando há o envolvimento de terceiros, por exemplo, fornecedores, a interação é feita de forma *ad hoc* pelo gerente de projeto auxiliado pela gestão do programa.

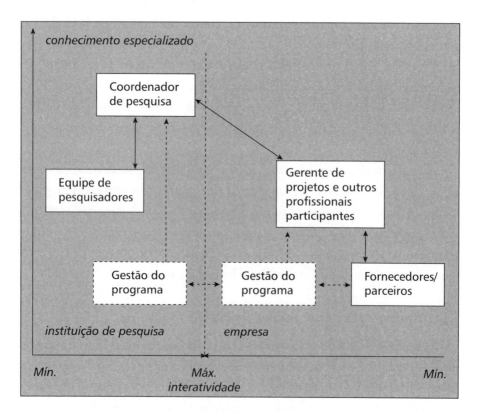

Figura 5.4 *Modelo atualmente adotado por algumas empresas no tocante a seus programas de P&D.*

A interação entre as duas entidades, a instituição de pesquisa e a empresa, se dá de duas maneiras. A primeira é pelas gestões de programa de ambas as partes, mas apenas sob os aspectos administrativos. A segunda, de caráter mais técnico, se dá entre o coordenador de pesquisa da instituição e o gerente de projeto da empresa.

Os empecilhos para uma correta internalização do conhecimento por parte da empresa e para um adequado mecanismo de geração de conhecimento com efetiva participação da empresa são os seguintes:

1. O nível de conhecimento especializado entre as duas entidades que se relacionam é discrepante. O coordenador de pesquisa detém conhecimento avançado sobre o tema estudado e o gerente de projeto da empresa, por sua vez, está apto apenas a acompanhar os aspectos administrativos do empreendimento.
2. O conhecimento é, portanto, gerado apenas na instituição de pesquisa, e se torna totalmente independente dos profissionais da empresa, os quais não têm condições de absorvê-lo.
3. Não há uma estratégia da empresa quanto ao desenvolvimento dos empreendimentos científicos, uma visão de futuro, um technology roadmap e, consequentemente, não há interação com outros *players* no ciclo de inovação (clientes, fornecedores, marketing).

Os resultados dos empreendimentos são, portanto, isolados e restritos a áreas específicas de aplicação. Não obstante sua importância, eles não podem ser explicitados de forma a impulsionar a empresa em direção a um contexto de inovação.

5.5.2 Modelo proposto de programa de P&D voltado à inovação

O modelo de interação proposto para uma estratégia de P&D que traga melhores resultados tanto para as instituições de pesquisa quanto para as empresas inseridas nos programas pode ser representado pelo diagrama da figura 5.5. Similarmente à figura anterior, o eixo vertical neste diagrama representa o nível de conhecimento especializado. Quanto mais acima, mais especializado é o conhecimento envolvido. O eixo horizontal é dividido em duas regiões. A parte da esquerda representa a instituição de pesquisa e a parte da direita representa a empresa em cujo contexto o programa de P&D se insere.

A instituição de pesquisa tem, para cada projeto, um coordenador de pesquisa, especializado na linha correspondente, o qual lidera uma equipe de pesquisadores que desenvolvem o projeto. A gestão do programa não se atém, aqui, apenas aos aspectos administrativos, mas principalmente aos aspectos estratégicos com vistas a atingir melhores resultados de inovação.

A maior mudança em relação ao modelo anterior, ilustrado na figura 5.4, está na parte da direita do gráfico, correspondente à estrutura de P&D da empresa. Neste modelo, a empresa conta com um corpo de coordenadores de linhas de pesquisa, os quais podem assumir o papel de gerente de projetos. Cada projeto, portanto, conta com um representante da empresa no mesmo nível de especialidade, ou pelo menos em nível similar, em relação ao coordenador de pesquisa da instituição.

O gerente de projeto, em seu novo perfil, relaciona-se com colegas profissionais especialistas das áreas de aplicação. Ele deve, portanto, estar em pleno contato com os aspectos práticos da aplicação por meio dessa interação. Os especialistas das áreas de aplicação têm um papel importante no processo, pois fazem a ponte entre os profissionais da área científica e a aplicação prática.

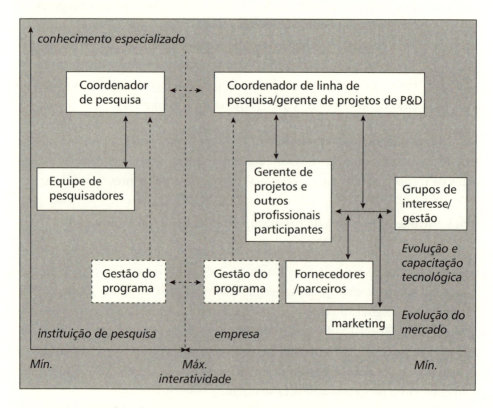

Figura 5.5 *Modelo de interação proposto como estratégia de programas de P&D com vistas à geração de resultados inovadores*

O nível de interação na parte da empresa se torna significativamente complexo, uma vez que envolve também grupos de interesse e de gestão, co-responsáveis pelo planejamento tecnológico da empresa (technology roadmapping). A interação se estende aos fornecedores, que passam a participar mais ativamente do processo com vistas a uma melhor concretização do resultado traduzido por um produto específico, e ao marketing, co-responsável pelo sucesso do lançamento dos produtos finais do projeto. A interação intrinsecamente considera a evolução do mercado, ou seja, as demandas cada vez mais especializadas dos clientes e consumidores. Todo esse trabalho é feito nos processos paralelos a P&D, a saber, prospecção tecnológica, estratégia competitiva e technology roadmapping.

Há mais um papel importante para garantir a qualidade das atividades de P&D, a saber, um corpo de profissionais com alta capacitação e experiência científica que possa avaliar constantemente os projetos e sugerir e planejar ações que tenham como objetivo maximizar seus resultados. O foco é, portanto, no bom andamento da carteira de projetos de P&D. O nome utilizado atualmente para esse grupo de profissionais é "escritório de projetos", não obstante o termo "escritório" não ser apropriado para esse tipo de função.

Há que se reiterar que o escritório de projetos considerado aqui é completamente diferente daquele utilizado no meio industrial, apenas seu conceito e seus objetivos são semelhantes. A razão para isso, como já mencionado algumas vezes neste texto, é que os projetos de P&D e aqueles fortemente baseados na criatividade têm natureza completamente distinta daqueles do meio industrial.

Uma vez que as duas principais entidades da parceria, a instituição de pesquisa e a empresa, interagem de forma harmônica, tendo a empresa um corpo de especialistas que interage com o corpo de coordenadores de pesquisa da instituição, os resultados se tornam mais evidentes e têm maiores chances de gerar benefícios práticos.

As vantagens deste modelo em relação aos resultados e à aquisição de conhecimento são os seguintes:

1. A empresa passa a ser parceira da instituição na aquisição do conhecimento especializado, fomentando a inovação, o desenvolvimento de novas aplicações e a abertura de novas oportunidades.
2. O nível de interação entre as duas entidades é muito mais forte, como representado pela proximidade das partes de maior conhecimento espe-

cífico na figura 5.5, uma vez que falam a mesma linguagem em termos de especialização.
3. A ênfase do programa deixa de ser meramente administrativa para ter um caráter estratégico.
4. Os resultados dos projetos são mais facilmente internalizados, uma vez que os gerentes de projetos estão em sintonia com os profissionais da área de aplicação e com os grupos de interesse.
5. Os projetos estão inseridos numa estratégia corporativa, elaborada pelos *players* da empresa na interação proposta.

Os potenciais benefícios advindos de um modelo como o proposto aqui são significativos, pois tornam possível a verdadeira absorção do conhecimento por parte da empresa, permitem uma melhor internalização de resultados nas áreas de aplicação, fundamentam novas oportunidades de negócio e de aplicações especializadas e concretizam uma estratégia corporativa de inovação tecnológica.

5.5.3 Modelo proposto de programa de P&D multidisciplinar voltado à inovação

Uma evolução do modelo de programa de P&D voltado à inovação apresentado na seção anterior insere a multidisciplinaridade como forma de fundamentar novas oportunidades que possam gerar resultados práticos e inovadores, os quais, por sua vez, proporcionem diferenciação sustentada.

Alguns textos da literatura se referem a modelos que preconizam a multidisciplinaridade como modelos em rede. Isso faz sentido, uma vez que a condição para que os diversos tipos de conhecimento se mesclem, formando um novo ambiente mais fortemente voltado à inovação, é que se estabeleça uma rede que possibilite a interação entre os profissionais e cientistas, em busca de soluções mais abrangentes para os problemas da ciência e da sociedade.

Essa interação pode ocorrer individualmente nas instituições envolvidas na cadeia de inovação, porém só vai se tornar eficaz quando permear todos os espaços dessa cadeia. Um ambiente em rede é fortemente baseado na criatividade, na concepção de soluções que abranjam várias áreas do conhecimento, as quais, à primeira vista, podem não ter muita relação entre si. Criar essas oportunidades constitui um desafio.

É extremamente importante que as instituições de pesquisa se unam para aglutinar novos temas multidisciplinares de pesquisa. Nesse cenário, uma instituição não deve encarar as outras como concorrentes, mas sim como parceiras. Claro, a concorrência sempre existirá, e é salutar que exista. Mas para potencializar novas oportunidades num cenário de inovação multidisciplinar, é necessário haver interação entre grupos de pesquisa de instituições parceiras.

Com isso, se houver no processo uma instituição de pesquisa principal, ela deverá ser a integradora do conhecimento nas várias áreas que permeiam um determinado projeto, envolvendo outros grupos de pesquisa externos. Ela se torna então uma integradora de soluções multidisciplinares.

O modelo multidisciplinar de P&D também pode ser ilustrado pela figura 5.5, apresentada na seção anterior. A diferença entre o modelo da seção anterior e o modelo apresentado nesta seção reside no nível de interação entre os participantes. Tanto na esfera acadêmica ou científica quanto na esfera industrial, deve existir uma forte interação entre diferentes áreas do conhecimento. Na indústria, essa interação preconiza a diversidade de aplicação, criando novas oportunidades e benefícios finais. Na academia, essa interação preconiza a união do conhecimento em diversas áreas, provendo soluções inovadoras e potencializando novas oportunidades de geração de conhecimento.

Uma postura estratégica de P&D preconiza um ambiente de prospecção multidisciplinar e multi-institucional, em que os problemas práticos reais são contrapostos com a fronteira do conhecimento, ou seja, o conhecimento disponível na rede do conhecimento estabelecida.

Empreendimentos de P&D podem assim ser fundamentados de maneira estratégica. Entretanto, deve-se notar que tais empreendimentos tendem a ser mais complexos, tanto no que diz respeito à gestão quanto no que diz respeito à integração inter-relacional. Grupos de pesquisa têm como requisito básico de funcionamento a coesão e a espontaneidade. O papel do líder de um grupo de pesquisa multidisciplinar e multi-institucional torna-se significativamente complexo, uma vez que não se pode ater-se apenas aos mecanismos de gestão tradicionais, sejam no contexto industrial ou no contexto científico. Nesse caso, a liderança voltada à criatividade torna-se chave para o sucesso do empreendimento.

5.5.4 Carteira estratégica de P&D

Segundo Matheson e Matheson (1998), o objetivo de uma estratégia de carteira de projetos de P&D é gerar o maior valor possível a partir dos recursos comuns, tais como a verba, as pessoas, os mercados e a tecnologia. As decisões relacionadas à carteira determinam o equilíbrio entre as necessidades de curto prazo e as renovações de longo prazo, entre a busca de inovações incrementais e radicais, entre o foco nos negócios que produzem os lucros atuais e o foco nos das áreas com grande potencial de futuro.

A elaboração da carteira estratégica de P&D é, portanto, de crucial importância para o sucesso de um programa de inovação. Com base no exposto anteriormente, é apresentada aqui uma proposta de categorização de projetos e sua distribuição no programa em termos de investimento e esforço.

Os projetos são, de acordo com essa categorização, subdivididos em quatro tipos:

1. Projetos de pesquisa básica: o termo "pesquisa básica" é usado aqui de forma mais flexível. Ele engloba a pesquisa básica acadêmica e a pesquisa que não visa a uma aplicação específica. Esse tipo de projeto é realizado especialmente para aumentar o estoque de conhecimento e potencializar futuras aplicações. O nível de risco e custo pode ser considerado entre baixo e médio, dependendo do contexto. Normalmente esse tipo de projeto envolve poucas pessoas.
2. Projetos dirigidos ou de melhoria contínua: este tipo de projeto deve ser o mais presente em programas de P&D de empresas, uma vez que dele depende a evolução da tecnologia, equipamentos e serviços. Normalmente ele não apresenta visibilidade à alta gerência, uma vez que tem caráter muito específico. Na grande maioria dos casos, gera inovação incremental (mas essencial), e apresenta baixo risco, uma vez que é desenvolvido dentro de um contexto específico e dentro de uma linha de pesquisa específica.
3. Projetos prioritários: este tipo de projeto é fundamentado em trabalhos de technology roadmapping, como explicado no capítulo 4, sobre inovação. Apresenta risco e custo moderados, uma vez que normalmente demanda a busca e a aquisição de conhecimento, seja ele primordial ao projeto ou complementar. Isso acontece porque, ao figurar no processo de technology roadmapping, caracteriza-se uma decisão da empresa em investir em determinada linha de pesquisa e aplicação, para a qual não necessariamente existe conhecimento suficiente em seu estoque.

4. Projetos estratégicos: os projetos estratégicos são aqueles que mais chamam a atenção da alta gestão e dos *stakeholders*. Normalmente ele envolve muito investimento, tanto em termos de recursos materiais como de pessoas. Projetos deste tipo apresentam uma maior necessidade de aquisição de conhecimento, pois seu desenvolvimento é uma decisão da alta gestão, e provavelmente demande conhecimento multidisciplinar, muitos deles não presentes no estoque intelectual da empresa. Portanto, eles apresentam alto risco e alto custo.

A grande pergunta para a elaboração de uma estratégia de programa de P&D corporativo é, então, como distribuir os esforços nessas quatro categorias de iniciativas, garantindo assim um equilíbrio que minimize ameaças e maximize o resultado geral.

A quantidade de projetos em pesquisa básica é a menor de todas as categorias. O motivo é simples: baixa visibilidade da alta gestão e, claro, baixa aplicabilidade. Não obstante serem importantes, projetos de pesquisa básica devem ser em baixo número, uma vez que a empresa depende de resultados para sobreviver a cada momento. Entretanto, vale frisar que, apesar da baixa quantidade, é essencial para uma empresa que tenciona se tornar uma empresa de ponta investir em projetos de pesquisa básica.

Os projetos dirigidos ou de melhoria contínua, que normalmente envolvem apenas um tema específico, devem ser os mais numerosos do programa, uma vez que eles garantem a evolução operacional. Normalmente as competências existem ou são mais simples de ser adquiridas.

Os projetos prioritários são aqueles que estão em segundo lugar em termos de quantidade, pois eles são resultado do processo desenvolvido corporativamente de "pensar o futuro". Eles vão direcionar a empresa e fundamentar novas oportunidades.

Os projetos estratégicos, que nascem dos sonhos da empresa, ou dos sonhos de alguns gestores ou mesmo profissionais, devem ser em pequena quantidade, devido ao seu alto risco e alto custo. A empresa não pode apenas sonhar, embora sonhar seja essencial.

A figura 5.6 apresenta um gráfico que demonstra a quantidade de projetos que devem compor a carteira da empresa de acordo com sua categoria, levando em consideração a visibilidade que cada categoria de projetos apresenta por parte da alta gestão. Nos dois exemplos apresentados na figura 5.7, a informação representada no eixo vertical, número de projetos, é substituída pelo nível de investimento financeiro. No exemplo superior, a curva é mais achatada do que o gráfico da figura 5.6, uma vez que os projetos estratégicos e de pesquisa básica tendem a exigir maior investimento, e implicam maior risco. Essa curva também pode assumir outro comportamento, conforme o nível de ousadia da empresa, apresentando, por exemplo, maior investimento financeiro em projetos estratégicos. Esse caso é apresentado no exemplo inferior da figura 5.7. A figura 5.8, por sua vez, apresenta o nível de risco de acordo com as quatro categorias de projetos.

Percebe-se claramente que um programa estratégico de P&D tem um caráter misto em termos de centralização. As iniciativas corporativas, ou seja, fundamentadas pela alta gestão têm maior investimento por projeto, mas sua quantidade é reduzida.

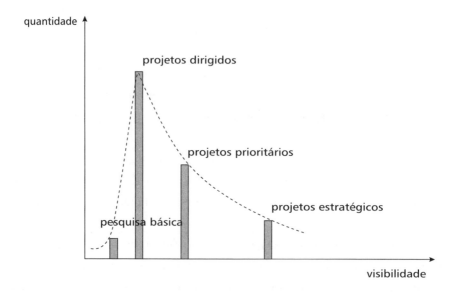

Figura 5.6 *Distribuição de um programa estratégico de P&D (número de projetos) de acordo com as quatro categorias de projetos e seus graus de visibilidade por parte da alta gestão.*

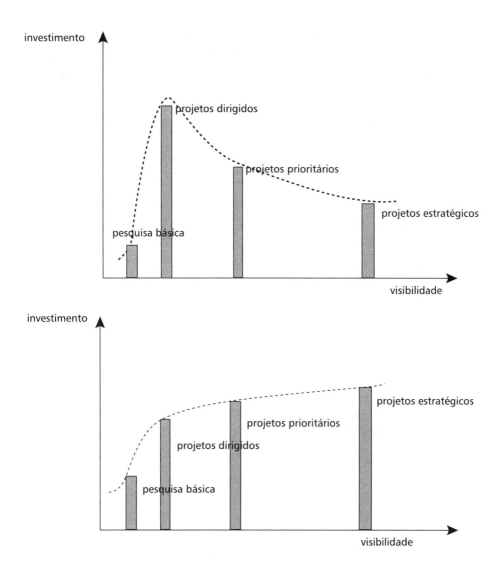

Figura 5.7 *Exemplos de distribuição de um programa estratégico de P&D (investimento financeiro) de acordo com as quatro categorias de projetos e seus graus de visibilidade por parte da alta gestão.*

Por outro lado, os projetos de melhoria contínua, que podem ser caracterizados como completamente descentralizados, uma vez que têm natureza extremamente específica e são necessidade de cada unidade de negócio em particular, são em maior quantidade.

Pode-se observar que, no modelo *ad hoc* descrito anteriormente, vigente na maior parte das empresas atualmente, não há distribuição por categoria na carteira de projetos de P&D. Na realidade, uma vez que os projetos são focados apenas no conhecimento especializado dos cientistas da instituição de pesquisa, todos, ou pelo menos a grande maioria, são categorizados como projetos dirigidos ou de melhoria contínua.

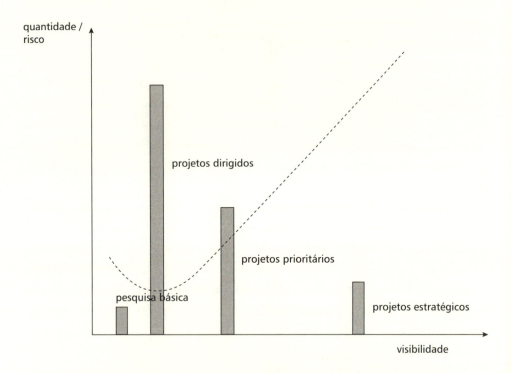

Figura 5.8   *Distribuição de um programa estratégico de P&D. As barras representam a quantidade de projetos da carteira, e a linha pontilhada representa o nível de risco de acordo com as quatro categorias de projetos.*

5.5.5   Escritório de projetos de P&D

O modelo de gestão de P&D apresentado anteriormente na figura 5.5 pressupõe, na gestão do programa da empresa, localizado à direita da linha tracejada na região inferior da figura, um corpo de profissionais especialistas na condução de projetos de P&D, cuja atribuição é garantir a qualidade dos projetos que compõem o programa, estimular a interação entre as partes envolvidas e maximizar a visibilidade dos resultados alcançados. Esse corpo pode ser chamado, de acordo com a taxonomia vigente, "escritório de projetos de P&D".

Deve-se salientar, no entanto, que o escritório de projetos de P&D tem um caráter bem diferente daquele pressuposto no contexto de projetos industriais. O escritório deve, na realidade, ter como base a metodologia científica, tendo sempre em mente que um projeto de P&D, como ilustrado na figura 5.2, lida constantemente e intrinsecamente com o desconhecido e, portanto, deve ter seu escopo frequentemente reavaliado e redefinido.

Neste sentido, o papel do escritório tem sua essência no fomento em vez de na fiscalização. Uma vez que os empreendimentos de P&D estão intimamente relacionados com o conhecimento, avaliações se tornam subjetivas. Além disso, monitorar e controlar atividades que lidam constantemente com a criatividade ou com a geração de conhecimento é extremamente difícil. Aliás, ousa-se dizer que fiscalizar e controlar não são as ações de gestão mais adequadas a esse tipo de atividade.

O escritório deve estar presente no ciclo de vida do projeto como um veículo de incentivo que visa a adicionar valor ao processo de tomada de decisão, especialmente no que diz respeito aos frequentes redirecionamentos de projetos. O escritório também deve se preocupar com a visibilidade dos projetos, fazendo divulgações sempre que marcos são atingidos. Para tanto, *workshops* devem ser realizados com a participação de toda a carteira de projetos, sempre com um caráter de adição de valor, de estímulo, de oportunidade de novas sugestões e possibilidades.

A postura do escritório quanto aos riscos de cada projeto também é muito importante, uma vez que projetos de P&D apresentam riscos intrínsecos devido à sua natureza. Os critérios de avaliação de riscos nesse contexto são igualmente subjetivos, e exigem grande maturidade e experiência dos envolvidos. Os riscos, como mencionado anteriormente, podem ser classificados, de maneira prática, como riscos intrínsecos do trabalho científico, riscos ocasionados pela metodologia de gestão e riscos ocasionados por fatores externos. Os riscos científicos não podem ser evitados. Pelo contrário, quanto mais ousado o empreendimento, maior o risco que ele apresenta. Uma postura de P&D madura preconiza a absorção dos riscos científicos, considerando o insucesso (se é que essa palavra é adequada) como resultado obtido, levando em conta o conhecimento gerado. Os riscos de metodologia de gestão, por outro lado, podem ser abordados pelo escritório de projetos, assim como os riscos externos, que devem ser corretamente explicitados.

Uma preocupação pertinente ao escritório de projetos de P&D relativamente à metodologia de gestão é o equilíbrio entre a ênfase acadêmica e a ênfase de aplicação prática. Atividades de P&D, por definição, devem ser conduzidas de forma científica, buscando a aplicação prática que traz benefícios à empresa, aos profissionais e ao desenvolvimento da sociedade. Isso é especialmente verdadeiro quando se busca a inovação. O trabalho de P&D constitui uma forte base para a inovação que traz diferenciação sustentada, uma vez que seus resultados são normalmente difíceis de ser imitados, dado que são fortemente baseados no conhecimento especializado. Se o foco é a inovação para a diferenciação sustentada, o trabalho de P&D deve ter sequência até que seus resultados inéditos sejam colocados em prática.

Outro fator que influencia muito o papel do escritório de projetos é o grau de multidisciplinaridade de um determinado projeto. Quanto maior esse grau, maior será a necessidade de coesão entre os diferentes especialistas envolvidos no projeto e mais importante será o papel integrador do escritório. O gerente de projeto de P&D deve ter experiência em conduzir projetos multidisciplinares, e lidar com o conhecimento especializado de pesquisadores que sobrepuja o seu próprio conhecimento em um determinado assunto. O gerente deve ter uma visão abrangente do projeto e se preocupar fortemente com a integração das várias competências envolvidas.

Como discutido na seção anterior, sobre carteira estratégica de P&D, os projetos estratégicos tendem a apresentar forte característica multidisciplinar e devem, portanto, atrair atenção constante do escritório de projetos de P&D, especialmente no que diz respeito ao aspecto de integração.

A forma de concretizar os resultados dos projetos também é um papel muito importante do escritório de projetos de P&D. Resultados de caráter científico são normalmente divulgados como publicações em veículos especializados. Tais publicações são extremamente importantes sob o aspecto científico, e fornecem subsídios, entre outras coisas, para a aquisição de financiamento para novos projetos. Elas indicam o grau de excelência da instituição ou empresa no que tange à pesquisa científica. Entretanto, uma empresa pode adquirir diferencial competitivo sustentado se, em vez de publicar os resultados de um determinado projeto de P&D, depositar uma patente para proteger seu novo produto, explorar seu potencial e obter vantagem competitiva. O escritório deve, portanto, ter participação ativa na tomada de decisão quanto à forma de explorar os resultados advindos dos empreendimentos de P&D.

Seja qual for o caminho mais adequado para fundamentar os resultados provindos do desenvolvimento de projetos de P&D, a propriedade intelectual é uma questão-chave a ser abordada e, portanto, insere-se no escopo das funções do escritório de projetos de P&D.

5.5.6 Parcerias entre empresas e instituições de P&D: Estratégias internas

Muitas empresas têm dificuldade em estabelecer uma parceria eficiente com instituições de pesquisa quando inseridas em programas de P&D, especialmente quando os programas de P&D fazem parte de suas obrigações, como é o caso de alguns setores de serviço no país. Nesses programas, a execução de um programa monitorado por alguma instituição reguladora governamental é compulsória. A fonte financeira desses programas varia, mas em alguns casos existem mecanismos de arrecadação específicos.

Muitas dessas empresas se veem com uma dificuldade adicional ao se deparar com essa obrigação, pois elas estão ocupadas com sua rotina operacional, que já apresenta dificuldades suficientes para absorver toda sua atenção e todos os seus esforços. Dessa maneira, elas se veem obrigadas a confiar inteiramente em instituições contratadas como parceiras, passando a agir, no que concerne à gestão, de acordo com um processo de tentativa e erro, sem todavia se preocupar em alcançar o melhor resultado possível. O primeiro motivo para isso é que elas nem detêm o conhecimento sobre a natureza dos resultados que podem ser obtidos.

Em consequência desse cenário, as empresas acabam se deparando com uma situação em que os profissionais envolvidos em projetos de P&D têm que conciliar suas atividades com aquelas de rotina, pelas quais são cobrados com maior afinco pela gestão. O resultado não poderia ser pior: os profissionais não se dedicam às atividades de P&D e não absorvem todos os benefícios que elas trazem, dificultando sobremaneira a internalização dos resultados obtidos.

Diante disso, a saída que a gestão de P&D das empresas encontra normalmente é aliviar a carga desses profissionais no tocante às atividades de P&D, para que seus trabalhos normais, ou seja, de rotina, não sejam impactados de forma negativa. Dessa forma, tende-se a pulverizar as atividades de P&D entre muitos profissionais com pouco interesse e até mesmo pouca experiência. Com isso, a parceria estabelecida entre a empresa e uma instituição de pesquisa ou universidade se enfraquece, pois o verdadeiro trabalho de pesquisa fica polarizado nas instituições parceiras. O que acontece na prática é quase como uma "terceirização" de P&D.

Uma estratégia alternativa, e que certamente surte melhores resultados, consiste em absorver a responsabilidade sobre P&D e formalizar uma estrutura que conte com um número reduzido de pessoas capacitadas para tal e em tempo integral. Dessa forma, os gerentes de projetos de P&D das empresas seriam em número menor, porém dedicados a isso e, tanto quanto possível, com capacitação adequada. Essa estratégia permite uma melhor internalização dos benefícios advindos dos projetos nas empresas e o fortalecimento de uma parceria eficaz com as instituições de pesquisa e universidades. Além disso, dependendo da qualidade da gestão do programa de P&D, os projetos de P&D são gerenciados de maneira mais efetiva, fundamentando iniciativas, vislumbrando novas oportunidades, obtendo melhor qualidade, gerando e absorvendo maior conhecimento, aumentando o capital intelectual da empresa e, por meio dos resultados obtidos, adquirindo diferencial competitivo sustentado.

O requisito básico para que essa estratégia seja adotada por uma empresa é que ela perceba a oportunidade que tem ao desenvolver seu programa compulsório de P&D e deixar de encará-lo como um peso ou uma obrigação. Claro, o programa não deixa de ser obrigação, mas nem por isso uma empresa deve desprezar seu potencial. Pelo contrário, deve envidar todos os esforços para que o principal objetivo do programa seja alcançado, a saber, a geração da inovação, adicionando valor para a sociedade e para a própria empresa.

5.6 Mudança de postura

No modelo de gestão industrial, os cargos gerenciais são geralmente ocupados por profissionais com perfil controlador. O corpo gerencial formado por tais profissionais não estimula a criatividade como forma de fundamentar novas oportunidades e alcançar diferenciação competitiva. Profissionais com esse perfil não têm qualquer tipo de intimidade com a criatividade e tendem a evitá-la por diversos motivos. Um deles é o mito de que a criatividade não gera nada objetivo.

Outro é o temor que esses profissionais têm de gerar resultados absurdos que não tragam benefícios práticos, segundo sua própria visão.

Com isso, profissionais criativos têm dificuldade de subir na carreira, sendo relegados às posições inferiores da hierarquia, às tarefas operacionais contrárias à sua própria natureza ou mesmo marginalizados, vistos como aqueles que não produzem de maneira prática. Dessa maneira, a empresa vai construindo uma barreira cada vez maior contra o potencial criativo de seu corpo de profissionais, perdendo grandes oportunidades de fundamentar novos empreendimentos, de inovar e gerar diferencial competitivo e de investir na produção de capital intelectual.

Como consequência disso, as empresas completam o ciclo da mediocridade baseado no controle exacerbado, o qual não leva a lugar algum em termos de diferencial competitivo. No mundo do mínimo, tudo é feito para apagar qualquer indício da chama criativa dos profissionais, tudo é feito para fazer com que as pessoas criativas se sintam tolhidas, no intuito de evitar devaneios ou ideias absurdas. Regras são estabelecidas para controlar as ações das pessoas, para proibir que as pessoas cometam deslizes. Tudo é balizado por baixo. Já que, por exemplo, dez por cento dos profissionais podem utilizar um recurso para benefício próprio ou para cometer algum pequeno delito, surge repentinamente uma regra que absolutamente proíbe o uso daquele recurso, retirando daqueles profissionais, e, juntamente com eles, de todos os outros profissionais íntegros, uma excelente ferramenta, aniquilando grandes oportunidades.

Não há milagre. Se uma empresa deseja investir em P&D para garantir a geração de diferencial competitivo, pensando em seu futuro e no seu crescimento em longo prazo, buscando um lugar de destaque no mercado e na sociedade, ela deve mudar sua postura, abandonando o método industrial de gestão e promovendo também pessoas criativas à alta direção, ou melhor, a todos os níveis de gerência. Ao colocar pessoas criativas na liderança da empresa, sua estratégia passará a ser mais ousada e seus resultados passarão a ser mais inovadores. Claro, tudo tem seu lugar: Pessoas metódicas apresentam bom potencial na gestão operacional em diversas atividades da empresa. O estratégico, porém, deve ter uma postura mais empreendedora e mais ousada.

Crônicas corporativas

Peixe fora do aquário

Uma das tarefas mais difíceis no mundo corporativo atual é se desvencilhar daquilo que é normal e daquilo que segue as regras estabelecidas pela organização para poder imaginar soluções eficazes para problemas do dia a dia, ou mesmo para problemas específicos e que demandem alto grau de elaboração.

As regras vieram para colocar ordem, mas com elas apareceu um efeito colateral totalmente indesejado, o engessamento da mente, a paralização da imaginação, a aniquilação da criatividade.

É cada vez mais incomum encontrar pessoas que conseguem abstrair em meio aos processos e às regras e diretrizes da empresa e conceber uma solução interessante, inovadora, criativa, típica de mentes que voam alto, mas que conseguem pousar em solo seguro depois de atingir a máxima altitude.

Parece até que, em meio aos processos de linha de produção onde fazemos sempre um pouco mais da mesma coisa, encontramo-nos como peixes no fundo do mar, mas cercados por uma redoma, por um aquário. Conseguimos enxergar muita coisa através do vidro que nos separa do resto do mar, mas não conseguimos sair do aquário, não conseguimos nos voltar para onde estávamos e enxergar com "olhos de fora".

Aparentemente estamos livres, cumprindo nossa função, desempenhando o papel para o qual somos pagos. Entretanto, estamos condenados a fazer sempre o mesmo, e sempre da mesma maneira. As regras, os processos, os costumes inquestionados, a cultura do lucro máximo e imediato nos cega. Tudo isso não nos tira a visão, mas parcialmente nos cega porque não nos deixa olhar em outras direções.

Mas como sair do aquário e mergulhar definitivamente no mar aberto? A primeira coisa que tem que acontecer é perceber que existe uma parede de vidro que nos separa da liberdade, do poder de criação. Depois que essa percepção acontece, existem alguns caminhos possíveis para vencer a barreira de vidro. Basta nadar em algumas direções para descobrir uma saída. É preciso experimentar, é preciso tentar.

A conclusão a que chegamos é que nós conseguimos nos escravizar utilizando nossa própria capacidade e nosso próprio poder. Nós estabelecemos as regras que no futuro não nos permitirão enxergar as soluções mais adequadas para nossos problemas.

É necessário quebrar a redoma. Se isso não for possível, é necessário encorajar as pessoas para que encontrem um caminho que as leve para fora do aquário e para dentro do mar, para fora das impurezas ocasionadas pelo aprisionamento da mente em tarefas de rotina.

Mas será que isso é uma desculpa para abolir completamente as regras? É claro que não. Mas é necessário fazê-las trabalhar a nosso favor, e não contra nós. É necessário traçar diretrizes, e não ordenanças. É necessário apontar a direção, e não controlar o pensamento.

Este ensinamento feito por um grande homem há dois mil anos aproximadamente ainda não está enraizado em nossa mente, e talvez nunca esteja plenamente por estar além de nossa compreensão. É muito simples conseguirmos entender... Apesar de termos a solução à nossa frente, insistimos em nos escravizar. E em vão.

6 Gestão de projetos de P&D e inovação

Antes de falar sobre gestão de projetos, é necessário estudar um pouco sobre a origem dos termos relacionados. A palavra "projeto" vem do Latim *projectum* do verbo *proicere*, que significa "jogar algo adiante", que por sua vez vem de *pro-*, que denota algo que precede a ação da próxima parte da palavra no tempo, e *iacere*, que significa "jogar". Portanto, a palavra "projeto" significa originalmente "algo que vem antes que qualquer outra coisa aconteça". Quando a palavra foi adotada pela língua inglesa, ela se referia ao planejamento em vez da execução desse planejamento. Posteriormente, por volta de 1950, a palavra passou a ter a conotação adotada em metodologias de gestão de projetos (Wikipédia).

Atualmente existe uma febre sem precedentes em torno da capacitação em gestão de projetos, evidenciada pela grande quantidade de oferta de cursos de pós-graduação no tema. Essa febre tornou-se, mais do que tudo, um negócio rentável para muitos profissionais e instituições especialistas na área, dada a enorme e ainda crescente procura dos profissionais de empresas por esse tipo de conhecimento.

Técnicas de gestão de projetos em voga hoje em dia são muito importantes em projetos de um determinado tipo, a que costumo chamar de projetos industriais (poderia chamá-los também de "projetos de execução"), em que seu sucesso é devido à correta e satisfatória sequência de execução de tarefas, sobre as quais tudo ou quase tudo se sabe. Não há, portanto, motivo aparente para um atraso, exceto uma falha em sua gestão.

O gerente de projeto deve ter habilidade para liderar as pessoas envolvidas, para que elas produzam aquilo que delas é esperado em seu devido tempo e com a melhor qualidade possível. A essência da atividade é essa, mas é claro que existem muitas questões envolvidas na disciplina, informações essas abundantes na literatura. Não é objetivo deste livro fazer um estudo sobre gestão de projetos industriais, mas abordar as diferenças entre diferentes tipos de projetos, muito embora os estudiosos da disciplina de gestão de projetos defendam categoricamente que qualquer projeto deve ser gerido da mesma forma.

Certa vez um grupo de profissionais, colegas de trabalho, travou uma conversa em que se discutia justamente essa questão, a de que, por exemplo, um departamento de tecnologia da informação poderia ser gerenciado por um profissional de outra área que soubesse gerenciar. Isso, em parte, é verdadeiro, pois é realmente necessário saber gerenciar para poder liderar uma área qualquer, tal como a de tecnologia da informação de uma grande empresa. A meu ver, o conhecimento do negócio é extremamente importante e pode ser um diferencial impactante na gestão. Torna-se, portanto, polêmico discutir a questão se não se abordarem parâmetros mais específicos.

Gerenciar projetos industriais é uma tarefa que não depende muito do conhecimento do negócio. Se a unidade de negócio tem como principal incumbência atividades rotineiras, não há por que não confiar sua gestão a um profissional da área de gestão, prescindindo de conhecimento específico do negócio.

Entretanto, existem outros contextos e outros tipos de projetos que exigem o conhecimento do negócio, e muitas vezes esse conhecimento deve ser profundo. Quanto maior o caráter inovador, maior conhecimento é necessário. Isso quer dizer de maneira geral que, quanto maior o impacto desejado, maior o nível de conhecimento envolvido na gestão do projeto.

Segundo Austin e Devin (2003), em trabalhos baseados no conhecimento, a melhor maneira de gerenciar implica não estabelecer previamente um conjunto de objetivos detalhados, mesmo que isso seja possível. O tempo gasto no planejamento de objetivos poderia ser investido no desenvolvimento, tentando algo que não foi vislumbrado em detalhe, de tal maneira que se possa rapidamente incorporar aquilo que fora aprendido com a experiência na próxima tentativa ou iteração.

Quanto mais os negócios se tornam dependentes do conhecimento para criar valor, mais o trabalho se torna parecido com a arte. No futuro, gerentes que compreendem como artistas trabalham terão uma boa vantagem sobre aqueles que não compreendem. Aliás, segundo esses autores, no século 21, um gerente que, para ser efetivo, precisa estar munido de objetivos claros e especificações detalhadas de processos é apenas metade de um gerente. Por sinal, a metade que falta é a metade mais importante.

Este capítulo descreve alguns tipos de projetos, cuja nomenclatura não é oficial. Após uma breve descrição de alguns deles, o capítulo apresenta em mais detalhes os projetos de P&D, os quais têm potencial para englobar as questões retratadas neste livro, quais sejam, a criatividade, a experimentação, o caráter inovador e a metodologia científica.

6.1 Projetos pés-no-chão

Projetos pés-no-chão são aqueles que trazem grande retorno financeiro com o mínimo de risco, e que por isso chamam a atenção de toda a empresa que os empreendem. Em outras palavras, a empresa tem o maior interesse nos resultados práticos e imediatos que esses projetos podem e devem gerar. Não estou dizendo com isso que as empresas, todas elas, só se interessam pelo retorno financeiro. Existem algumas poucas que têm outros tipos de interesse, como veremos mais adiante.

Nesse tipo de projeto, assume-se que há domínio completo do assunto, ou, de maneira mais informal, "que se conhece o solo em que se está pisando". O risco de insucesso é reduzido tanto quanto possível, e todos os parâmetros são inseridos numa planilha, que por sua vez é usada para se obter um rígido controle sobre as atividades envolvidas. O retorno que projetos desse tipo trazem podem não ser tão impactantes em termos de estratégia de futuro. As empresas que confiam apenas nesse tipo de empreendimento são aquelas que cuidam de seu operacional, procurando sempre ter a margem de lucro necessária para garantir sua sobrevivência e, quem sabe, se os projetos derem muito certo, aumentar um pouco essa margem de vez em quando.

Um estabelecimento comercial, por exemplo, pode já ter consolidado sua clientela ao longo de um determinado tempo. Sua gestão pode então estar preocupada em não deixar o número de clientes assíduos cair e, se possível, aumentar essa clientela por meio de mecanismos de divulgação tais como a publicidade. Esse é um método bastante conservador, pé-no-chão, que não coloca nada em risco e mantém a expectativa de algum crescimento, ou, em um pior caso, pelo menos a manutenção dessa margem.

6.2 Projetos sonhadores

Projetos sonhadores são exatamente o oposto dos projetos pés-no-chão. Eles primam por causar grande impacto. Entretanto, o risco embutido em empreendimentos como esse é muito alto. Ao mesmo tempo em que ele pode trazer grande retorno, mudando completamente o cenário da empresa e das pessoas envolvidas, pode também causar o impacto oposto e levá-la à bancarrota, afundando consigo as pessoas que nela depositavam suas esperanças.

Pessoas criativas gostam muito desse tipo de projeto, mas muitas vezes arriscam além de suas possibilidades, comprometendo sua integridade emocional, moral, financeira e até mesmo física. Algumas dessas pessoas se dão bem, no princípio, mas podem se dar muito mal no empreendimento subsequente, especialmente se se empolgarem com o sucesso obtido no anterior. Esse é o problema de empreendimentos baseados na criatividade em que a organização é relevada a uma prioridade aquém da necessária.

Existem contextos em que a ousadia de pessoas criativas pode ser bem-vinda, onde os riscos não comprometam qualquer tipo de valor. Nas artes isso é comum. Um artista deve ser muito criativo e, no contexto de sua obra, pode se dar ao luxo de não ligar para o risco. Quando sua sobrevivência começa a depender de seu retorno financeiro, entretanto, ele deve começar a se preocupar com os riscos de suas ideias mais polêmicas. Isso quer dizer que o artista pode estar inserido num contexto semelhante ao de uma empresa, onde ele tenha que conter um pouco sua criatividade em prol da diminuição do risco.

Muitas empresas vão à falência, ou pelo menos passam por sérias dificuldades, quando implementam um projeto de grande porte e cometem um grande erro na análise de risco. Uma empresa pode ter cinco grandes negócios e, quando vê que a tecnologia tende para uma certa direção, resolve empreender um projeto para a absorção de seu sexto grande negócio. A empresa pode se basear em projetos semelhantes realizados em outros lugares, com suas características que lhe são peculiares, sua cultura, economia, clima e outros parâmetros. Todavia, se não houver atenção para as diferenças, sutis ou significativas, especialmente sob aspectos sociais ou econômicos, o negócio pode correr sério risco de fracasso.

Experiência prática

Eu tive, juntamente com um colega que tinha sido meu aluno de mestrado, uma experiência num projeto que ilustra bem o exposto anteriormente. Nós sabíamos que as aplicações de imagens não eram muito exploradas nas empresas. Dessa forma, começamos a vislumbrar potenciais aplicações que pudessem se beneficiar de uma ferramenta computacional baseada em imagens.

Após algum tempo de investigação, pudemos identificar uma aplicação que potencialmente poderia se beneficiar de tecnologias de imagens. Tratava-se da monitoração do nível de tensão em alimentadores de redes de distribuição de energia elétrica. Profissionais que exerciam essa atividade analisavam os dados de níveis de tensão nos trechos dos alimentadores por meio de tabelas. As tabelas continham a informação exata dos níveis de tensão, porém não permitiam ao profissional obter uma compreensão abrangente do fenômeno estudado de maneira ágil e prática, impossibilitando uma imediata tomada de decisão quando necessário.

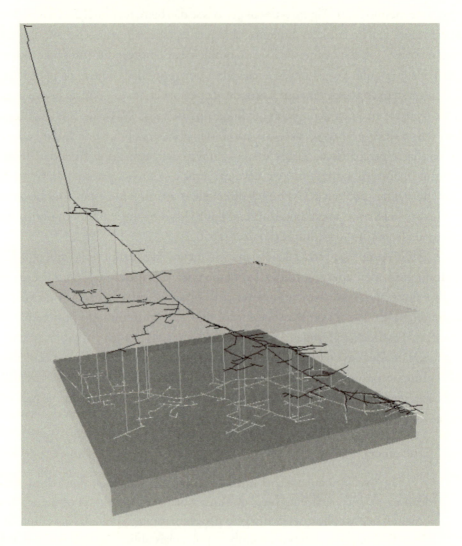

Figura 6.1 *Ilustração de uma ferramenta computacional baseada em realidade virtual para auxílio na análise de níveis de tensão em alimentadores de redes de distribuição de energia elétrica.*

A solução vislumbrada fazia uso de um ambiente virtual que pudesse apresentar ao usuário a cena modelada, contendo todas as informações relevantes no estudo, representadas na forma visual, explorando a natureza qualitativa do fenômeno. A terceira dimensão era usada para representar os níveis de tensão das coordenadas geográficas correspondentes aos trechos dos alimentadores. Assim, poder-se-ia facilmente perceber como a tensão evoluía ao longo dos alimentadores, e observar os trechos que apresentavam níveis de tensão críticos.

A ferramenta, depois de desenvolvida, foi instalada na mesma plataforma usada pelos profissionais, como uma funcionalidade complementar. Entretanto, ela nunca foi usada da forma como poderia.

A figura 6.1 ilustra uma cena modelada no ambiente virtual, mostrando os níveis de tensão nos trechos dos alimentadores de acordo com suas coordenadas geográficas, além de algumas informações adicionais que pudessem dar subsídios para uma rápida tomada de decisão.

O trabalho foi publicado em um veículo científico (de Geus e Dometerco, 2004), porém, na prática, não surtiu o efeito vislumbrado. O maior motivo foi, provavelmente, a falta de integração entre a ideia e a prática, entre os criadores da solução e os profissionais que potencialmente poderiam usá-la. Esse era, de fato, seu grande risco, o de não ser aceito pelos seus próprios usuários e, portanto, cair no esquecimento. Foi um projeto sonhador que não obteve o sucesso desejado na prática.

6.3 Projetos inovadores

A potencialização da criatividade e da ousadia em conjunto com uma correta visão de análise de riscos pode levar ao empreendimento de projetos inovadores, que contêm uma mistura dos benefícios dos projetos pés-no-chão e dos projetos sonhadores. A liderança de projetos desse tipo tem que ser extremamente preparada e bem realizada, pois o equilíbrio entre intrepidez e sensatez, se é que esses dois termos sejam opostos entre si, deve prevalecer. O gerente do projeto deve decidir sob que aspecto ele será ousado e sob que aspecto ele será mais conservador, para que o risco seja bem administrável.

Conseguir adotar uma estratégia de empreendimento de projetos inovadores é um desafio. Uma das maneiras mais sensatas, no contexto empresarial, é priorizar projetos de maneira que diferentes caracteres sejam contemplados, elaborando assim uma carteira de projetos mista que contemple aqueles mais operacionais e que não embutem muito risco e aqueles mais arriscados e que podem gerar maior diferencial. Dessa maneira, a empresa estará mitigando riscos que podem afetar sua saúde por meio de um adequado balanceamento entre tipos de empreendimentos. Se um falhar, trará resultados ruins, mas não causará danos irreparáveis, uma vez que os outros projetos compensarão a falha.

6.4 Projetos altruístas

Existem empresas que não pensam só no lado financeiro. Muitas pessoas demonstram um alto grau de desconfiança quanto a isso, mas a afirmativa é verdadeira. Normalmente essas empresas são aquelas dirigidas por uma pessoa apenas ou por um pequeno grupo de idealistas, que têm ideais que transcendem o sucesso financeiro. Os cientistas, por exemplo, são normalmente pessoas que apresentam pelo menos um certo grau de abnegação, pois estudam profundamente uma disciplina, ganham salários muitas vezes abaixo do satisfatório, mas têm um ideal que sobrepuja preconceitos, primam pelo conhecimento e por passá-los a seus alunos, sonham em formar grandes profissionais e grandes cientistas, sempre levando em consideração o avanço da sociedade.

Pessoas com esse caráter também conseguem muitas vezes formar uma empresa com um objetivo maior. Em seu contexto, elas empreendem projetos altruístas, ou seja, projetos que visam ao bem comum ou a uma causa nobre, não importando muito quão lucrativos sejam.

Empresas estatais também têm uma participação importante em projetos deste tipo. Existem muitos exemplos de programas e projetos nesse contexto que visam a acrescentar valor à sociedade, extrapolando o interesse exclusivamente financeiro. Entretanto, essas empresas também estão, muitas vezes, sujeitas a diversas formas de ingerência, o que pode dificultar ou inviabilizar ações de caráter altruísta.

Gerenciar este tipo de projeto constitui um desafio, pois está sujeito a muitos riscos. A principal motivação de uma empresa no que tange à realização de um projeto normalmente diz respeito aos ganhos que se traduzem em lucro financeiro, seja em curto, médio ou longo prazos, e ela está ausente neste caso.

6.5 Projetos de experimentação

Existem projetos que não podem ser planejados totalmente *a priori*. Sua evolução depende muito dos resultados parciais obtidos, os quais são advindos da experimentação. Dependendo dos resultados das tentativas realizadas ou das experiências adquiridas até um certo ponto do projeto, ele pode tomar uma ou outra direção, ou mesmo uma entre muitas direções.

O formalismo de um projeto assim não é muito bem-visto pelos "*escritórios de projetos*", uma vez que ele exige ampla liberdade de experimentação e consequentemente não pode seguir os formalismos que são normalmente esperados de projetos industriais.

Deve-se notar, no entanto, que a liberdade de experimentação não implica a isenção de planejamento, de estratégia e de documentação. No contexto científico, experimentações são realizadas seguindo critérios formalmente estabelecidos. Em projetos que não se enquadram na classe científica, e que dependem muito mais da criatividade e de ideias, uma estrutura de experimentação similar deve ser adotada.

6.6 Matrizes

Saindo da esfera dos tipos de projetos, faz-se importante discorrer um pouco sobre uma estrutura de trabalho que pode impactar significativamente o desenvolvimento de projetos. Trata-se do modelo matricial de estrutura de trabalho, que vem sendo usado por muitas empresas há alguns anos. Nesse modelo, a estrutura formal da empresa deve ser mais flexível, de maneira a permitir que profissionais sejam convocados a participar de projetos de acordo com sua competência independentemente de onde eles estejam alocados na estrutura formal da empresa.

As empresas que adotaram esse modelo o fizeram como forma de fundamentar empreendimentos com base na competência das pessoas, e também como forma de incentivar alguns profissionais com postura de liderança, valorizando e dotando de maior importância o papel de gerenciar projetos numa estrutura matricial. O grande problema que a maioria dessas empresas enfrenta na tentativa de adoção do modelo é o desequilíbrio entre responsabilidade e autonomia de liderança dadas aos gerentes de projeto.

Muitos projetos não obtêm êxito porque o gerente de projeto não tem poder de decisão sobre assuntos relativos ao projeto que afetam ou impactam de alguma maneira a estrutura formal da empresa, trazendo conflito às partes envolvidas.

Em um cenário onde a cultura hierárquica é muito forte, torna-se complexa a adoção do modelo matricial. Recursos e esforços podem ser investidos em empreendimentos que ao mesmo tempo estarão fadados ao fracasso devido a uma espécie de incompatibilidade entre esses dois modelos que impede a evolução das atividades.

6.7 Um paralelo entre gestão de projetos industriais e de projetos de P&D

Projetos de P&D englobam algumas características dos projetos mencionados anteriormente neste capítulo, tais como a experimentação, a criatividade, a ousadia de ideias, o rigor científico e muitas vezes o altruísmo. Os escritórios de projetos tradicionais, em sua maioria, costumam estabelecer processos rígidos de gestão e utilizar uma filosofia de fiscalização e controle que são completamente inadequados a projetos de P&D.

O modelo de gestão de projetos adotado pela maioria das empresas é o do *Project Management Institute* (PMI) (2008). Seu padrão, internacionalmente conhecido e chamado de "*Project Management Body of Knowledge*" (PMBOK), formaliza conceitos e traça diretrizes para a aplicação de conhecimento, habilidades, ferramentas e técnicas com o objetivo de garantir que todos os requisitos dos projetos sejam satisfeitos. O guia do PMBOK, em sua terceira edição, de 2004, define o ciclo de vida de um projeto, cinco grupos de processos e nove áreas do conhecimento (12manage, 2008).

Os cinco grupos de processos descritos no guia do PMBOK são os seguintes:

1. Início.
2. Planejamento.
3. Execução.
4. Controle.
5. Encerramento.

As nove áreas do conhecimento abordam a gestão dos seguintes aspectos dos projetos:

1. Integração.
2. Escopo.
3. Tempo.

4. Custos.
5. Qualidade.
6. Recursos humanos.
7. Comunicações.
8. Riscos.
9. Aquisições.

A filosofia do modelo se baseia no fato de que um projeto deve entregar um resultado de acordo com o escopo, no prazo definido, de acordo com os custos estabelecidos e com a qualidade desejada. Por esse motivo, essas quatro áreas, escopo, tempo, custos e qualidade são o foco da gestão de projetos. Recursos humanos e aquisições estão relacionados com os insumos que possibilitam a realização do projeto. Comunicações e riscos são fatores importantes que devem ser constantemente considerados, e a integração faz a coordenação de todos os processos (d'Ávila, 2006).

Para que possamos compreender a relação entre os métodos industriais de gestão de projetos e os métodos de desenvolvimento de projetos de P&D, temos que, primeiramente, tomar real consciência de suas diferentes naturezas. Qual é a diferença fundamental entre um projeto industrial e um projeto de P&D? A diferença fundamental consiste no fato de que projetos industriais, em geral, são executados para que algo seja construído, implementado ou implantado, e de que todo o conhecimento necessário para a execução do projeto já existe e é (ou pode ser facilmente) dominado pela equipe de profissionais. Se houver algo que não está completamente dominado em termos de conhecimento, isso se torna um risco ao projeto, o qual pode ter impactos negativos em sua priorização, podendo até mesmo impedir que ele venha a ser executado.

Um projeto de P&D, por outro lado, lida constantemente com o desconhecido, e isso se torna o seu diferencial. A filosofia é simples: inventar algo novo e dominar o conhecimento adquirido para transformá-lo em diferencial competitivo. Isso significa que um projeto de P&D implica maior risco, mas geralmente com potencial de retorno muito maior, como já discutido exaustivamente neste livro.

Projetos industriais: execução de uma sequência de tarefas, perfazendo um todo, sobre as quais existe completo domínio de conhecimento.

> *Projetos de P&D: empreendimentos que lidam com o desconhecido, cuja solução deve ser criada a partir do conhecimento e atividades de caráter científico.*

Esta "pequena" diferença nos conceitos de projetos industriais e projetos de P&D torna a metodologia usada para um tipo de projeto completamente inadequada para o outro tipo. Ousaremos aqui a tentativa de traçar um paralelo entre as duas metodologias, sem, entretanto, explicitar se um se mapeia no outro ou se um está inserido no outro. Falaremos, portanto, sobre o modelo PMI e em seguida sobre o desenvolvimento de projetos de P&D, prescindindo de qualquer tentativa de traçar correlação entre os dois.

Se desconsiderarmos o primeiro e o último grupo de processos da metodologia PMI, a saber, início e encerramento, permaneceremos com o seu cerne, que consiste de:

1. Planejar.
2. Executar.
3. Controlar.

Agora esqueçamos o parágrafo anterior e reflitamos sobre como se desenvolve um projeto de P&D. O cerne do processo poderia se resumir, de maneira geral, em:

1. Elaborar.
2. Planejar.
3. Desenvolver:
    3.1 Levantar estado da arte.
    3.2 Desenvolver nova técnica.
    3.3 Validar nova técnica.

O exposto aqui não pretende ser a expressão de uma nova metodologia de gestão. Seu propósito é apenas discutir e tentar esclarecer as diferenças entre projetos industriais e projetos de P&D, a fim de demonstrar aos leitores a necessidade de que as empresas que buscam a inovação rompam as barreiras impostas por aqueles que desejam "automatizar" o conhecimento.

Se considerarmos a literatura disponível hoje na área de gestão de projetos, podemos perceber claramente a intenção dos grupos de gestão em reduzir a dependência de elementos pessoais, de conhecimento individual, e de tudo aquilo que não pode estar sujeito ao controle de gestão. O claro objetivo desses grupos de gestão é manter o controle de tudo o que ocorre na empresa. Quando falamos em P&D, inovação e projetos criativos, esse intuito se torna impossível.

Diante de tudo isso, chegamos à conclusão de que o primeiro conceito a ser absorvido para se atingir a maturidade na gestão da inovação, de P&D ou de empreendimentos criativos é que não se pode controlar tudo. A primeira atitude a se tomar é abrir mão do controle total, e aprender a confiar no conhecimento e na criatividade, no poder da mente das pessoas criativas.

Como já abordado anteriormente neste livro, o principal método de gestão nesse meio é o estímulo, a liberdade de criação e o desafio. As empresas que adotarem essa postura estarão aptas a iniciar sua trilha rumo ao diferencial competitivo sustentado, baseado em ideias inovadoras e de difícil imitação.

6.7.1 A elaboração de um projeto

Prosseguindo com o paralelo entre as metodologias de gestão de projetos industriais e projetos de P&D, veremos primeiramente como os dois tipos de projetos são elaborados.

O grupo de processos chamado de "início" da metodologia PMI engloba os seguintes processos (12manage, 2008):

1. Autorização do projeto.
2. Adquirir o compromisso da empresa quanto à execução do projeto.
3. Estabelecer o direcionamento do projeto.
4. Definir os objetivos macros do projeto.
5. Garantir a aprovação e os recursos necessários.
6. Validar o alinhamento com os objetivos gerais da empresa.
7. Escolher o gerente de projeto.
8. Gestão da integração.

As atividades descritas têm muito a ver com os processos administrativos e de negociação para a realização do projeto. Uma delas é exatamente escolher o gerente do projeto, o que caracteriza um empreendimento de execução, ou seja, de natureza "industrial". Isso implica de antemão o conhecimento completo do assunto abordado.

Em contrapartida, um projeto de P&D tem sua elaboração de maneira completamente diferente. Normalmente a decisão de se empreender um projeto de P&D não é um ato isolado da empresa. Quando o projeto "surge", já está formada uma espécie de "rede de conhecimento", ou pelo menos sua base. O projeto de P&D já nasce da interação entre os vários envolvidos.

Pressupõe-se, por ocasião da proposta de um projeto de P&D, que a base do conhecimento avançado e a maturidade científica no assunto já exista. Aliás, sem ele não é possível realizar um projeto de P&D. Há casos em que a base científica tem que ser buscada externamente. Ela é representada, na verdade, por um cientista ou por um pequeno grupo de cientistas cuja linha de pesquisa responda às questões do projeto.

Algumas vezes, o empreendimento se torna multidisciplinar, exigindo o envolvimento de um maior número de profissionais capacitados. Outras vezes, a profundidade dos estudos demanda grande dedicação de aprendizado por parte das pessoas, e mesmo dos profissionais altamente capacitados. Com isso, tais profissionais aumentam sua experiência prática e a abrangência de seu conhecimento especializado, tornando ainda maior seu potencial para empreendimentos inovadores.

Uma vez consolidada a "rede de conhecimento" que viabilizará o projeto, ele deverá ser documentado de acordo com a metodologia científica. Essa elaboração tem por base o estado da arte da literatura científica, exigindo, portanto, uma varredura abrangente e detalhada do assunto no mundo da ciência. Uma vez reunida a base científica para o projeto, incluindo todas as referências literárias utilizadas, deve-se detalhar os objetivos macros do projeto, a motivação para seu desenvolvimento, focando o aspecto prático e explicitando a natureza e o impacto de seus resultados. A metodologia, sempre com foco científico, mas buscando a inovação na prática, deve ser então explicitada de forma abrangente.

Todos esses itens da elaboração do projeto de P&D têm muita profundidade em termos de conhecimento, porém nada é descrito com muita profundidade, uma vez que o conhecimento necessário para tal ainda não existe. Portanto, não se pode exigir, na elaboração de um projeto de P&D, que se descreva claramente como os resultados serão obtidos. Aliás, é aconselhável não detalhar muito os resultados, uma vez que eles também podem mudar e, talvez, multiplicar-se, ou mesmo apontar novos rumos de aplicação. Se forem possíveis a descrição detalhada de como o projeto será desenvolvido ou a descrição exata dos resultados que devem ser obtidos, torna-se evidente que não se trata de um projeto de P&D.

Quando uma empresa decide por si desenvolver um projeto estratégico que esteja inserido em P&D, o processo se torna um pouco mais complexo, uma vez que toda a "rede de conhecimento" está ainda por ser estabelecida. Para alcançar isso, a empresa deve ter muita maturidade e experiência em atividades desse tipo.

Experiência prática

Para ilustrar o "surgimento" de um potencial projeto de P&D, relatar-se-á aqui uma experiência prática que está inserida na fase de elaboração de um projeto.

Havia um grupo de profissionais especializados na área de computação de imagens (computação gráfica, visualização científica, processamento de imagens) em uma empresa de grande porte, a qual estava inserida em um programa de P&D por força de uma lei federal. A empresa fazia uso de verba específica que deveria ser canalizada ao desenvolvimento de projetos de P&D com vistas à evolução do mercado e da sociedade. Portanto, a empresa estava submetida ao rigor da lei e à fiscalização de entidades governamentais.

Esse grupo de profissionais havia sido parcialmente formado dentro da empresa. O líder do grupo possuía titulação de doutor e havia empreendido, dentro de uma iniciativa voltada à capacitação de pessoas na empresa, um mecanismo de formação especializada por meio da orientação de alguns alunos no nível de mestrado, já que possuía vínculo com uma universidade que contemplava tal programa. Isso acontecia, é claro, à medida que os alunos fossem formalmente aprovados e selecionados no referido programa de pós-graduação, e à medida que demonstravam interesse e aptidão naquela área específica do conhecimento.

Após o empreendimento de formação especializada, formou-se informalmente uma equipe que reunia as pessoas com a capacitação adquirida. Em reuniões realizadas com vistas a vislumbrar possíveis oportunidades de empreendimentos inovadores, elaborou-se uma apresentação do conhecimento com ênfase em possíveis aplicações práticas em questões da empresa. Na realidade, eles estavam buscando a interação com outros profissionais da empresa para poder fundamentar um empreendimento que trouxesse real benefício à empresa.

Iniciaram-se então contatos com outros profissionais que pudessem demonstrar interesse pelo potencial que o grupo tinha. A apresentação elaborada anteriormente despertou bastante interesse de alguns grupos de profissionais. Em reuniões realizadas com o objetivo de vislumbrar aplicações impactantes, uma ideia foi colocada em pauta e sobre ela foi construída uma proposta bastante interessante: o desenvolvimento de um ambiente virtual para treinamento de pessoal em uma determinada atividade crítica. O treinamento real implicava alguns riscos às pessoas, de maneira que um ambiente virtual poderia trazer muitos benefícios em termos de logística de treinamento, condições psicológicas dos participantes e eliminação de riscos à integridade física das pessoas.

O projeto foi então elaborado, tomando por base a literatura científica em seu estado da arte, e apresentado à alta gestão da empresa, a qual demonstrou muito interesse na proposta, vislumbrando seu grande potencial de aplicação. Posteriormente, o projeto foi aprovado no programa de P&D da empresa pela entidade responsável.

Esse relato demonstra claramente como o potencial de conhecimento de uma empresa pode ser usado para a geração de uma ideia coletiva, por meio da criatividade e do conhecimento prático, e como ele pode ser transformado num empreendimento impactante, que possa trazer grandes benefícios ao contexto empresarial. A ideia não surgiu da alta gestão, uma vez que ela nem tinha o conhecimento de que havia esse potencial intelectual.

6.7.2 O planejamento de um projeto

Na gestão de projetos industriais, o planejamento de projetos engloba as seguintes atividades (12manage, 2008):

1. Definir o escopo do projeto.
2. Refinar os objetivos do projeto.
3. Definir todos os requisitos de insumo.
4. Criar um arcabouço para o cronograma do projeto.
5. Estabelecer um mecanismo de comunicação entre todos os integrantes.
6. Definir todas as atividades demandadas.
7. Definir a sequência de todas as atividades.
8. Identificar os requisitos de competências e recursos.
9. Estimar o esforço de trabalho.
10. Empreender a análise de riscos, na busca de evitá-los tanto quanto possível.

11. Definir e estimar todos os custos.
12. Obter financiamento para o projeto e sua aprovação.
13. Estabelecer um plano de comunicação.

Uma diferença evidente entre gerenciar projetos industriais e gerenciar projetos de P&D é que, em projetos industriais, trata-se de organizar as atividades para que a execução seja bem-sucedida, ao passo que, em projetos de P&D, o grande desafio é descobrir o caminho para que o resultado desejado possa ser alcançado.

Diante da realidade de que, em projetos de P&D, não sabemos ao certo com o que estamos lidando, a definição do escopo do projeto é algo transitório. É muito comum, no desenvolvimento de projetos de P&D, a ocorrência de redirecionamentos significativos, implicando grandes mudanças na estratégia de trabalho, ou, pelo menos, na linha de pensamento e de raciocínio que impulsiona seu desenvolvimento.

Os objetivos do projeto de P&D normalmente são expressos por meio de tópicos macros, girando em torno de, digamos, cinco. Alguns dos requisitos são conhecidos quando da elaboração do projeto, mas a maioria se mostra apenas no decorrer do desenvolvimento. Os requisitos mais importantes de um projeto de P&D dizem respeito às competências intelectuais necessárias.

O cronograma do projeto também é estabelecido de maneira macro, sem grande rigidez, uma vez que não se pode prever exatamente quanto tempo se levará para que determinado conhecimento seja adquirido, ou para que uma solução para determinado problema seja inventada. No cronograma, as fases de um projeto de P&D são definidas, por exemplo, pelo número de meses que levarão para ser concluídas. Em alguns projetos há a necessidade de alguma sobreposição entre fases, e em outros não. Tipicamente, um projeto de P&D leva de dois a quatro anos.

A sequência de atividades não carece de rigorosa elaboração, dado que são tarefas com elevado grau de subjetividade e definidas apenas de maneira superficial. A estimativa do esforço de trabalho também não é algo concreto, uma vez que a natureza das atividades é voltada ao conhecimento e muitas vezes criativa.

Os custos de um projeto de P&D normalmente envolvem os recursos de infraestrutura, possíveis serviços contratados, intercâmbio de conhecimento, seja para adquirir conhecimento quanto para divulgar resultados (participações em eventos de relevância científica), custos de materiais necessários ao dia a dia do projeto e, finalmente, o esforço intelectual, que é algo extremamente difícil de medir. Normalmente, atribui-se um custo à hora dedicada por um integrante do projeto e estima-se o tempo que esse integrante pode levar para desenvolver aquilo que se espera. Mas deve ficar claro que esse mecanismo está muito aquém de ser exato, constituindo apenas uma estimativa. Por outro lado, fica a pergunta: Há como determinar com precisão o valor intelectual?

Para que um projeto de P&D seja aprovado e consiga recursos para seu desenvolvimento, ele deve explicitar todos os benefícios esperados e seus impactos nos processos empresariais, sempre levando em consideração aqueles de natureza subjetiva, que normalmente são os principais.

A liderança criativa, abordada no capítulo 3, é o que determina mais fortemente o grau de sucesso do projeto. A comunicação entre os integrantes do projeto é essencial. Mas mais importante ainda é a capacidade do líder de fazer com que os integrantes do projeto produzam ideias criativas, tanto individualmente quanto em grupo.

6.7.3 A execução de um projeto

Normalmente eu procuro evitar a palavra "execução" no contexto de P&D, por dar a conotação de "fábrica". Entretanto, para manter o paralelo entre a gestão de projetos industriais e de projetos de P&D, vou adotar o mesmo termo para essa fase de desenvolvimento propriamente dito.

Segundo o modelo do PMI, os principais elementos da fase de execução são os seguintes:

1. Coordenar os recursos e desenvolver a equipe.
2. Garantir a qualidade.
3. Selecionar e abordar fornecedores.
4. Distribuir as informações.
5. Executar o plano do projeto.

Todos esses passos são necessários em um projeto de P&D. Entretanto, a coordenação de recursos e atividades não é tão intensa em termos de controle. Os recursos principais são aqueles necessários à pesquisa, à experimentação, a laboratório, a um ambiente de integração. Quando algum tipo de experimentação consome recursos de maneira significativa, deve-se usar de parcimônia para gerenciá-los, pois podem impactar a viabilidade do projeto. Em casos assim, não é possível saber de antemão a quantidade de recursos necessários para a atividade. O desenvolvimento da equipe se dá por meio da pesquisa científica e de laboratórios de experimentação. Quando se lida com o desconhecido, é necessário vasculhar a literatura, buscando o estado da arte, e posteriormente elaborar cenários, suposições, questionamentos e, principalmente, imaginar novas ideias. Para isso, todos os membros da equipe devem estar cientes da tarefa de cada um, pois seus resultados se complementam.

A garantia da qualidade, na prática, não é explicitamente abordada em um projeto de P&D, uma vez que seu principal resultado é o conhecimento, ou seja, descobrir uma solução, resolver um problema ou ter o conhecimento de como uma determinada questão deve ser abordada. Se o projeto de P&D gera o conhecimento para o desenvolvimento de um novo produto, a qualidade ganha importância à medida que o resultado avança em direção ao produto final.

A distribuição e integração da informação é essencial em um projeto de P&D. Para obter resultados em atividades desse tipo, o ambiente e o esquema de trabalho estabelecidos devem favorecer e estimular a integração dos profissionais. Para tanto, ferramentas computacionais usadas para esse fim são de grande importância. O líder deve assegurar a integração total das informações e a coesão da equipe.

O plano de projeto é definido, como mencionado anteriormente, de forma macro. À medida que o projeto é desenvolvido e o conhecimento é adquirido, o plano de projeto se aprofunda. Vale salientar que frequentemente há atualizações ou alterações, significativas ou não, no planejamento, devido à aquisição de conhecimento.

Em projetos de P&D, é na fase de execução que a maior parte do conhecimento necessário ao projeto é adquirida. Esse conhecimento influi em todo o planejamento, alterando o próprio escopo do projeto em alguns casos. Com isso, de acordo com a experiência até um certo ponto do desenvolvimento do projeto, este pode ser redirecionado de maneira significativa, alterando inclusive os resultados esperados.

O mais importante a ser observado na execução de projetos de P&D é que não há uma receita que valha para todos os projetos. O fator determinante para o sucesso da execução do projeto é a capacidade e a visão de seu líder. Entretanto, deve-se também observar que o conhecimento especializado tanto do líder quanto dos demais envolvidos no projeto são essenciais para alcançar o sucesso almejado.

Em resumo, não adianta tentar operacionalizar a execução de um projeto de P&D. Ele depende, sim, da capacidade das pessoas e de seu conhecimento, além da visão e da capacidade de liderança criativa.

6.7.4 O acompanhamento de um projeto

O termo usado no modelo PMI para a fase que prefiro chamar de acompanhamento é monitoração e controle. O motivo pelo qual evito usar o termo controle consiste no fato de que, como vimos no decorrer de todo o texto deste livro, o controle está em constante luta contra a criatividade. E uma coisa que P&D deve ter é criatividade.

Os elementos dessa fase, segundo o PMI, são os seguintes:

1. Gerenciar a equipe, stakeholders e subcontratantes.
2. Medir o progresso e monitorar o desempenho, incluindo escopo, cronograma, custos e qualidade.
3. Tomar ações corretivas sempre que necessário.
4. Gerenciar riscos, incluindo os técnicos, de qualidade, desempenho, gestão, organizacionais e externos.
5. Relatar desempenho e comunicações.

Um gerente de projeto de P&D deve ser um exímio líder e, portanto, deve saber liderar equipes com os diversos caracteres pessoais. É praticamente impossível desenvolver um projeto de P&D sem empatia na equipe, sem a motivação de chegar a um destino. Aliás, como já vimos anteriormente, a motivação é um dos fatores mais importantes no desenvolvimento de um projeto de P&D ou um projeto de natureza criativa.

A habilidade do gerente de projeto se evidencia também quando lida com agentes externos ao projeto. Isso se torna muito relevante em programas incentivados de P&D, sujeitos a rigorosa fiscalização. O relacionamento com agentes externos deve ser desempenhado de maneira idônea e com muita parcimônia, evitando qualquer tipo de nuança que possa deixar transparecer a possibilidade de fraude. Gerentes de projetos de P&D nesse contexto devem ser rigorosos e sábios quanto a essa questão.

Não é incomum problemas acontecerem em programas incentivados de P&D, não obstante o fato de haver boa-fé por parte de seus gestores. Todo cuidado é pouco.

Medir resultados é evidentemente uma boa prática. Entretanto, essa é uma tarefa muito mais complexa no contexto de P&D, pois muitos resultados são qualitativos, e às vezes até subjetivos. O conhecimento adquirido num projeto é seu maior resultado, mas como medi-lo?

O gerente de projeto de P&D está constantemente atento ao andamento do projeto, pois em P&D tudo é possível. O projeto pode, de repente, dar uma guinada, mudando completamente sua estrutura. É frequente a mudança de seu escopo e, na verdade, muitas vezes seu escopo já é definido de maneira flexível.

Cronograma e custos são os parâmetros que mais refletem na reputação de projetos de P&D. Claro, é natural que, quando não se sabe exatamente como se faz para produzir o que é desejado, não se pode saber exatamente quanto a solução custará nem quanto tempo levará para ser produzida. Isso é óbvio. Entretanto, cientistas tendem naturalmente a relaxar, ou não prestar muito atenção nesses fatores, o que pode levar o projeto ao fracasso, por falhas na gestão.

O risco técnico é intrínseco às atividades de P&D, mas os riscos de gestão podem e devem ser mitigados tanto quanto possível, e isso é feito principalmente com liderança, uma vez que tais atividades exibem grande subjetividade e grande diversidade de fatores que não são padrão como em outros tipos de atividade.

6.7.5 A conclusão de um projeto

No modelo PMI, essa fase é constituída dos seguintes elementos:

1. Finalizar atividades.
2. Conclusão administrativa, incluindo a coleta, a distribuição e o arquivo de informações, formalização de conclusão, avaliação e lições aprendidas.
3. Encerramento contratual.

Segundo esse modelo, essa fase parece bastante simples. Em P&D, todavia, tenho percebido que um projeto raramente deve ser concluído no ponto em que normalmente o é. Os resultados advindos de um projeto de P&D

envolvem conhecimento, e sua absorção é muito mais complexa do que um produto puro, isolado.

A grande maioria dos projetos de P&D peca na parte de conclusão e especificamente na questão da internalização dos resultados. Cientistas normalmente perdem o interesse em divulgar ou explorar os resultados obtidos. Eles estão mais interessados na própria invenção, mas se esquecem de que é necessário "vendê-la". A evidenciação adequada de resultados de P&D abre portas e fundamenta novas oportunidades.

Os produtos e resultados de projetos de P&D devem ser acompanhados por um longo tempo para a maximização dos benefícios e a máxima potencialização de novas oportunidades. Isso seria análogo ao pós-venda da área comercial. Entretanto, isso ainda não é uma prática no mundo científico.

A conclusão de um projeto de P&D exige a evidenciação de todos os resultados, tanto os concretos, como os novos produtos gerados, quanto os subjetivos, como o conhecimento e a *expertise* gerados. Essa é uma tarefa crítica à maioria dos grupos de cientistas, não obstante o fato de que eles deveriam estar acostumados a lidar com isso. O fruto do seu trabalho de pesquisa são publicações de boa relevância, e eles são avaliados por esse tipo de produção. Publicar num veículo de alta qualidade exige a evidenciação impecável de resultados. Entretanto, quando chega a prática, parece que há certa desmotivação para tal. Eles se esquecem de que, além de publicar e ter seu trabalho reconhecido no meio científico, ele deveria funcionar da melhor maneira possível na prática.

Muitas vezes, na hora de concluir o projeto, percebem-se desvios que podem até ser considerados inaceitáveis, dependendo do contexto no qual se encontram. Isso acontece principalmente por causa da desobediência às "regras do jogo", ou seja, às regras do programa financiador. Cientistas tendem a não dar valor a essas regras, especialmente neste país. Por outro lado, as regras muitas vezes não condizem com atividades de P&D, como já discutido neste livro. Dado esse cenário regido pela subjetividade, uma postura intransigente por parte do pesquisador pode comprometer os resultados finais do projeto.

De qualquer maneira, uma lição deve ficar: um projeto (de P&D) mal concluído põe a perder, ou pelo menos em risco, todos os grandes resultados obtidos em seu desenvolvimento, atingindo sua reputação e a do corpo de profissionais.

Experiência prática

Havia um projeto que integrava o programa de P&D de uma empresa cuja duração estava prevista para quatro anos. O programa de P&D era realizado como cumprimento a uma lei, com verba destinada especificamente para essa finalidade, e fiscalizado pela entidade reguladora daquele setor de serviços. O desenvolvimento do projeto foi feito por uma instituição de pesquisa, e formalizado por meio de um instrumento contratual de serviços entre a empresa e a instituição.

Os benefícios trazidos pelo projeto foram grandes, uma vez que seu desenvolvimento foi bem-sucedido e gerou resultados práticos relevantes para a empresa. Entretanto, diversas falhas ocorridas no procedimento de conclusão do projeto puseram em cheque não só seu financiamento, já que fazia parte de um programa de P&D financiado e fiscalizado, como também a credibilidade dos resultados alcançados e dos pesquisadores envolvidos, impactando de maneira significativa sua imagem perante a entidade reguladora e a própria empresa, incluindo sua alta gestão.

Essa é uma falha grave na qual incorrem muitos profissionais da área da Ciência. Esses profissionais estão interessados no trabalho desenvolvido em si, mas dão pouco valor ao que consideram fatores circunstanciais. Ao não dar importância ao formalismo de conclusão do projeto, eles acabam por perder a chance de fundamentar novas oportunidades e de evidenciar os bons resultados obtidos em seu empreendimento.

Cientistas que desejam gerar inovação, colocando em prática o resultado de seus trabalhos científicos, devem completar sua competência, extrapolando a esfera da pesquisa propriamente dita e focando a visibilidade dos empreendimentos e a praticidade de seus resultados. O cientista é como um músico, que usa sua criatividade para compor uma obra. Entretanto, se esse músico não se dispuser a dar visibilidade à sua obra, ela não gerará os resultados desejados. O músico, depois de criar seu trabalho, deve ensaiá-lo, contratar músicos para executá-lo, e realizar concertos que lhe rendam o reconhecimento cultural e financeiro. Se sua guitarra estiver desafinada na hora do concerto, o impacto será muito grande. Se o concerto não for realizado no dia e na hora marcados, e com toda a sua logística organizada de maneira impecável, o músico terá que devolver os ingressos, incorrendo em grande perda financeira e, lógico, de credibilidade.

Crônicas corporativas

Comendo pelas bordas

Uma das características mais marcantes de empresas avessas à inovação, à quebra de paradigmas, ao empreendedorismo e à utilização da criatividade para gerar diferenciação é o medo de encarar mudanças ou mesmo de encarar novas ideias.

Constantemente nos deparamos com as seguintes desculpas, gentilmente fornecidas por seus dirigentes ou por profissionais superiores na hierarquia da empresa: "Veja, você tem que comer pelas bordas, não pode querer sair fazendo desse jeito", ou "não pude incluir suas ideias no documento porque elas são muito avançadas e podem 'assustar'. Temos que comer pelas bordas".

Comer pelas bordas faz sentido quando a temperatura da sopa está mais alta do que podemos aguentar. Nesse caso, a única opção viável é comer pelas bordas. No caso da pizza, pode-se encarar a borda como um mal necessário. Não se pode avançar para o miolo, para o recheio, para a parte nobre sem que se passe antes pela borda. As bordas são sempre iguais, feitas de massa. Os recheios variam e atiçam nosso paladar. Em empresas avessas à inovação, pessoas criativas têm que passar pela mesma coisa sempre, a saber, pelas bordas, não importando qual seja a temperatura da sopa ou qual seja o recheio a que se pretende chegar.

Essa mensagem é apregoada atualmente de maneira generalizada nesse tipo de empresa. E ela deve ser considerada, pois não há chance de empreender se não for por esse caminho. Comer pelas bordas é um aprendizado, a busca da virtude de ser paciente, de saber levar as coisas com sabedoria, não querer demais a qualquer custo ou a qualquer tempo.

A mensagem "você precisa comer pelas bordas", para empreendedores, pode soar como "nós temos medo de suas ideias". Numa análise um pouco mais profunda, pode-se concluir que essa questão nada mais é do que outro exemplo de exclusão intelectual. Sim, o profissional tem razão em se sentir tolhido. Por quê? Simplesmente porque a lei geral que rege as atividades da empresa é a obediência a padrões rígidos, constituindo assim um ambiente diametralmente oposto àquele em que a criatividade reina soberana.

Em empresas ousadas, criativas e inovadoras, profissionais empreendedores jamais precisam comer pelas bordas. O ambiente lhes é propício, estimula suas ideias e as considera como um grande diferencial da empresa.

Uma gestão empresarial que se empenha em alcançar diferencial competitivo está atenta às ideias de seus profissionais, por mais absurdas que possam à primeira vista parecer. Existem algumas empresas que fomentam a geração de ideias estabelecendo espaços para discussão e apresentação de novas propostas. Nesse ambiente, nenhuma ideia deve ser considerada absurda. Pelo contrário, muitas vezes as ideias mais absurdas são aquelas que geram os melhores resultados e produzem os maiores diferenciais. Em ambientes assim, profissionais criativos podem se esquecer das bordas e ir direto ao recheio.

Mas infelizmente essa não é a realidade na maioria das empresas. Seu modelo gerencial é baseado na filosofia da revolução industrial, que busca o melhor desempenho possível, mas é avessa à geração de ideias e, portanto, à mudança, à inovação. Nesses ambientes, comer pelas bordas é um passo inevitável.

Se um profissional se sente assim, cansado de ter que comer pelas bordas, talvez ele esteja no lugar errado. Ele deve reerguer-se, encher-se de coragem e mudar. Ele deve buscar inserir-se em um ambiente que fomente a proatividade, e que lhe permita criar resultados mais efetivos, fomentando a geração de conhecimento e, acima de tudo, realizando seus sonhos. Nesse ambiente, o indivíduo cresce e reflete esse crescimento na sociedade.

7 Um paralelo entre as artes e os negócios

A Ciência e a Arte se relacionam de maneira natural, pois ambas constituem modos de investigação, envolvendo ideias, teorias e hipóteses que são trabalhadas no pensamento e na experimentação. O cientista e o artista trabalham de maneira semelhante, reunindo e manipulando a informação existente para transformá-la em algo novo.

Na Grécia antiga, a palavra que significava arte era "*techne*", da qual as palavras "técnica" e "tecnologia" se originaram. Esses termos são, portanto, passíveis de aplicação tanto na prática científica quanto na artística.

O humanismo renascentista não enxergava quaisquer polaridades mutuamente excludentes entre a Ciência e a Arte. Os estudos de Leonardo Da Vinci na Ciência e na Engenharia são tão impressionantes e inovadores quanto seus trabalhos artísticos. Sua abordagem científica era observacional, ou seja, ele tentava compreender um fenômeno descrevendo-o com o maior detalhamento possível.

Da Vinci costumava registrar seus estudos em documentos escritos da direita para a esquerda, porque era canhoto. Alguns pensavam que a escrita espelhada era uma forma de dificultar a compreensão por parte do leitor, mas na verdade era apenas a ousadia do escritor em escrever da forma que lhe parecia mais natural, em vez de respeitar as regras impostas pela maioria destra (Wikipédia).

Existem muitos artistas conhecidos não só pela excelência de suas obras quanto à originalidade, à estética e à precisão, como também por sua ciência, os estudos sobre os quais se fundamenta sua obra artística. Da Vinci não tinha formação especializada, nem se atinha à perfeição no que concerne à execução de suas obras, ou seja, "seu acabamento". Ele se dedicava aos estudos, aos rabiscos, à inovação, à compreensão de fenômenos que queria representar.

O texto intitulado "*The Enduring Relationship of Science and Art*", que pode ser traduzido como "A Duradoura Relação Entre Ciência e Arte", do Instituto de Arte de Chicago [The Art Institute of Chicago, 2008], cita a obra "O Astrônomo", reproduzida na Figura 7.1, do pintor holandês Johannes Vermeer, como um bom exemplo da profunda conexão entre a Ciência e a Arte. A Holanda do século XVII tinha um espírito de exploração baseado no interesse pelo mundo e pelo universo, pelo familiar e pelo exótico, tendo sido o palco do desenvolvimento do microscópio e do telescópio. A pintura de Vermeer celebra o astrônomo e o trabalho artístico, evidenciando o vínculo entre ciência e arte por meio de sua linguagem na pintura.

Figura 7.1   *"O Astrônomo", de Johannes Vermeer – profunda conexão entre a Ciência e a Arte.*

Outro artista gráfico holandês digno de menção é Maurits Cornelis Escher, muito conhecido por seus trabalhos artísticos inspirados na matemática, suas xilografias, litografias e meio-tons (*mezzotints*) representando situações e construções impossíveis, explorações do infinito e metamorfoses, constituídas de padrões geométricos entrecruzados que se transformam gradualmente em formas completamente diferentes (Wikipédia).

A vida de Escher também pode ser considerada no contexto de um tema que tem recentemente sido alvo de estudos, os quais não têm surtido resultados conclusivos: a influência do aprendizado das artes no desempenho intelectual. Escher teve uma infância um pouco conturbada, devido a problemas de saúde. Ele não ia muito bem na escola, tendo sido até reprovado em seu segundo ano de educação. Ainda em sua infância, teve aulas de carpintaria e de piano. Apesar de ter um desempenho excelente no desenho, suas notas na escola eram fracas. Em sua juventude, Escher percorreu alguns países, tendo sido impactado por obras na Itália e na Espanha. Depois de percorrer com sua família alguns países da Europa, retornou à Holanda, ocasião em que produziu seus mais conhecidos trabalhos (Wikipédia).

Albert Einstein, considerado um dos maiores cientistas que o mundo já teve, apresentou dificuldades no tocante ao aprendizado da fala, mas mesmo assim se sobressaiu na escola. Ainda quando criança, teve aulas de violino, que fez crescer nele o gosto pela música. Mas o que movia o desenvolvimento do jovem cientista era a curiosidade, as indagações sobre o porquê das coisas funcionarem do jeito que funcionavam, ou mesmo o porquê das coisas não funcionarem da maneira como se previa. Mais tarde, ele escreveria algo contundente em relação à educação, depois de ter tido conflito com as autoridades escolares e de ter se ressentido do método de educação vigente: "O espírito do aprendizado e do pensamento criativo foram perdidos no método de ensino que se baseava na memorização e na repetição" (Wikipédia).

Atualmente, estudos vêm sendo desenvolvidos com vistas a auferir o impacto causado pela criatividade em diversos ambientes, tanto no trabalho industrial, quanto nas Artes e na Ciência. Recente pesquisa foi realizada no Reino Unido sobre ambientes criativos de trabalho, tomando por base a indústria de publicidade, área em que a criatividade é essencial (Ensor, Cottam e Band 2001). O trabalho desenvolvido chegou a uma conclusão interessante: as agências de publicidade estão organizadas de tal maneira a promover um ambiente de trabalho criativo, por meio da ênfase nas dimensões pertinentes, que efetivamente utilize o conhecimento explícito. Os fatores que normalmente prejudicam, ou até mesmo impedem, o estabelecimento de um ambiente criativo de trabalho em uma organização estavam ausentes nessas agências. Isso indica que indústrias altamente criativas replicam as melhores práticas e podem ser vistas como referência por outras organizações. Há reivindicações de que essas indústrias devem servir de referência principalmente a organizações baseadas em prestação de serviços e a organizações baseadas no conhecimento, em vez das grandes organizações orientadas à produção.

David Edwards procura mostrar, em seu livro *Artscience:* creativity in the post-Google generation (Edwards, 2008), como a inovação na geração pós-Google é frequentemente catalisada por aqueles que cruzam uma linha convencional firmemente estabelecida entre as Artes e as Ciências. Segundo a descrição de sua obra no *website* da amazon.com, sua proposta é a de que as pessoas criativas contemporâneas, tanto em Artes como na Ciência, desenvolvem suas ideias numa zona intermediária da criatividade humana onde nem a arte nem a ciência são facilmente definidas. Algumas vezes essas pessoas fazem experimentações em múltiplos ambientes, levando uma única ideia ao âmbito social, industrial e cultural, aprendendo a perceber as tradicionais barreiras entre a Arte e a Ciência como uma zona de criatividade que o autor denomina "*artscience*". Por fim, o autor faz um apelo ao desenvolvimento de um novo ambiente cultural e educacional, particularmente relevante às atuais necessidades de inovar por meio de mecanismos cada vez mais complexos, no qual artistas e cientistas se unem, formando uma equipe por meio da agregação de parceiros culturais, industriais, sociais e educacionais.

Como mencionado anteriormente, os estudos que tratam da influência do aprendizado das Artes no desempenho intelectual ainda não chegaram a uma conclusão definitiva. Não obstante a falta de fundamento científico nesta questão em particular, pode-se perceber por alguns exemplos na história que alguns tipos de experiência influenciam, sim, na qualidade, na criatividade, na autenticidade das obras de alguns artistas e cientistas. Parece que, quando um artista é submetido a experiências complementares, ele adquire um diferencial, uma visão diferente, que lhe rende a oportunidade de inovar. A mistura e, consequentemente, a convergência de temas de diferentes naturezas parece exercer grande impacto na criatividade das pessoas.

Se assumirmos que esta hipótese é verdadeira, podemos concluir que os estudos voltados à interdisciplinaridade são mais susceptíveis de produzir inovação. Portanto, na busca pelo diferencial, ênfase pode ser dada às oportunidades onde há a interseção de múltiplas disciplinas. Além disso, quanto mais diversas forem suas naturezas, mais complexa se torna sua convergência, porém mais susceptível de resultados inovadores.

Assim, no contexto industrial, existem dois desafios, duas barreiras a serem quebradas: a convergência da indústria e da academia, e a convergência da Ciência e das Artes, como descrito nos trabalhos supramencionados.

O antropólogo, sociólogo e filósofo francês Edgar Morin, um dos principais pensadores sobre a complexidade, a qual vê o mundo como um todo indissociável e propõe uma abordagem multidisciplinar e multirreferencial para a construção do conhecimento, defendia a rejeição da noção de que as artes estão de um lado e o pensamento científico do outro (Wilkipédia).

O livro *Artful making* – what managers need to know about how artists work, de Robert Austin e Lee Devin (2003), faz um paralelo entre atividades no mundo das artes e atividades no mundo profissional. Sua principal reivindicação, já mencionada anteriormente, é que, à medida que os negócios se tornam mais dependentes do conhecimento para criar valor, o trabalho se torna mais parecido com a arte. Por esse motivo, no futuro, gerentes que compreendem como os artistas trabalham terão grande vantagem sobre os que não compreendem. Esses gerentes devem estar preparados para evitar noções preconcebidas do produto a ser gerado. Em vez de tentar conformizar a produção com uma preconcepção, eles devem orquestrar a criação do produto que será função direta da matéria-prima disponível, cujo principal componente é a criatividade das pessoas.

> *O mundo dos negócios tem muito a aprender com as artes e com a criatividade.*

Aproveitando a experiência dos autores, vislumbrou-se também neste livro a oportunidade de fazer uma análise de como a geração de ideias no mundo das artes funciona, assim como sua aplicação em um trabalho artístico, sugerindo um processo paralelo no mundo profissional. Para tanto, faz-se uso de um trabalho artístico, na área da música, mas também com reflexos nas áreas de artes plásticas e de ficção.

O produto final desse trabalho musical é um *compact disc* (CD), intitulado "eiranembeira", constituído de dez trilhas musicais, nove trilhas de efeitos sonoros que refletem a história fictícia de um personagem chamado Rupert e trabalhos visuais chamados *worktures*, contração do termo em inglês "*work on pictures*". Essas três primitivas,

- os elementos sonoros constituídos de música e efeitos,
- os elementos visuais constituídos dos *worktures*, e
- os elementos literários constituídos da história fictícia do personagem Rupert,

interagem entre si no decorrer do trabalho. Dessa interação resulta um trabalho multidisciplinar que reflete a soma de três primitivas independentes entre si, cujo produto passa ao largo de uma simples composição linear.

O trabalho está disponível na internet, muito embora o resultado completo só possa ser analisado em sua forma de produto final, ou seja, o CD musical com todo o seu encarte.[1] A intenção aqui não é discorrer sobre o trabalho em si, nem detalhar sua natureza, mas apenas analisar, como autor, o processo de criação envolvido e traçar um paralelo entre o trabalho artístico desenvolvido e as atividades criativas no mundo empresarial.

7.1 Valor adicional

A primeira característica desse trabalho, digna de observação, é o fato de que seu produto final transcendeu o produto normalmente esperado de um trabalho musical padrão, ou seja, deixou de ser um CD de música para ser um CD com características adicionais, concretizadas com a utilização de outras linguagens de comunicação artística. A mensagem passada no trabalho, como mencionado anteriormente, usou três primitivas, unindo ao auditivo o visual e o literário. No mundo dos negócios, a inovação é mais susceptível de ocorrer quando seus empreendedores vislumbram a adição de outros valores que não foram considerados anteriormente ou que normalmente não o são. Um produto inovador proporciona, na maioria das vezes, surpresa ao público-alvo.

Um produto inovador transcende o objetivo primário para o qual ele foi supostamente desenvolvido.

Muitas vezes o impacto de um produto inovador surpreende até o seu próprio autor. No caso do CD eiranembeira, algumas pessoas que o analisaram chegaram à conclusão de que o trabalho realmente transcendeu a música. O trabalho, que não atingiu um grande público em termos quantitativos, em parte por ser desconhecido, em parte por ser diferente (aliás, a proposta do trabalho nunca foi atingir um público numericamente grande), chegou a ser estudado e apresentado ao público por pessoas que se surpreenderam com a mensagem e com a linguagem utilizada. Da mesma maneira, no mundo dos negócios, efeitos inesperados de um produto inovador pegam de surpresa seus empreendedores, obrigando-os a agir de maneira

---

[1] http://www.klausdegeus.com.br

proativa para absorver a reação do próprio público. Isso pode ser observado de maneira clara no mundo da tecnologia. Quanto mais criativa uma solução, mais admiração e surpresa são produzidas em seu público-alvo. Exemplos típicos incluem os produtos da Apple e do Google.

7.2 Prateleira de ideias

Empreendedores criativos vivem vislumbrando novas maneiras de fazer coisas, novos produtos, novos processos, novas possibilidades, novos horizontes. Entretanto, quando eles não estão inseridos em um ambiente favorável à criatividade e consequentemente à inovação, muitas vezes se veem obrigados a jogar as ideias fora ou, infelizmente, são coagidos a não ter ideias (ou pelo menos não as demonstrar), e se dedicar a fazer aquilo que deles é esperado. Em contrapartida, em ambientes favoráveis à criatividade e à inovação, tais empreendedores produzem ideias mesmo que elas não sejam aplicadas imediatamente. Essas ideias são "armazenadas" em uma prateleira e ficam à disposição para uso quando pertinente.

> *O segredo de empreendimentos inovadores está no fato de que eles se alimentam de ideias criativas geradas à margem de seu escopo original.*

No CD eiranembeira, a prateleira de ideias também teve um papel fundamental. O personagem Rupert, por exemplo, surgiu quando o autor estava pintando a parede da cozinha de sua casa, aproveitando para fazer algumas experiências de textura, utilizando, além da tinta, papel, plástico, palha de aço e coisas do gênero. Seu objetivo era produzir uma pintura de parede diferente e esteticamente interessante. Quando chegou a um determinado espaço entre uma janela e uma porta, sentiu vontade de fazer um desenho de uma pessoa como se ela estivesse saindo da parede, usando primitivas bem rudimentares. Assim, usou os próprios dedos para pintar aquilo que receberia o nome de Rupert, por soar parecido com a palavra rupestre. O desenho ficou mais ou menos parecido com uma pintura rupestre. O fato de aquele espaço na parede ter chegado à sua visão naquela hora foi preponderante para que surgisse a ideia de desenhar a criatura chamada "Rupert".

Uma vez nascido o Rupert, ele foi estocado em uma prateleira de ideias. Até então ele não passava de uma ideia que ainda não havia sido utilizada. Não era útil nem nada, era apenas o Rupert. No decorrer do trabalho do CD eiranembeira, seu lugar começou a ser vislumbrado. O autor não pode se lembrar exatamente de como tudo foi integrado para formar uma coisa só, mas é assim mesmo que funciona no meio das artes, no meio criativo, no meio das ideias. De repente, não se sabe exatamente como, uma ideia aparece. Posteriormente, também meio que de repente, observa-se que essa ideia se enquadra perfeitamente em um determinado contexto.

Uma prateleira de ideias pode conter o estoque necessário ou os ingredientes básicos para a geração de produtos inovadores de grande impacto.

É necessário observar, portanto, que, no contexto da inovação, deve-se fomentar a geração de ideias pura e simplesmente, sem que se tenha em mente uma aplicação imediata. O simples fato de se gerar uma ideia, mesmo que aparentemente sem aplicação, torna-se um importante passo para um empreendimento inovador vindouro. Olhando pelo outro lado, percebe-se que, muitas vezes, uma inovação produzida não seria totalmente possível, ou seja, não teria o mesmo impacto, se não tivesse utilizado ideias produzidas de maneira aparentemente desconectada.

7.3 Experimentação

Um tipo de atividade que está presente tanto em empreendimentos artísticos como científicos é a experimentação. No mundo dos negócios, entretanto, via de regra a experimentação é condenada por fugir do objetivo principal da produção. Assume-se que se sabe exatamente o que se quer. Isso pode ser bem verdade em algumas situações, mas mesmo assim a experimentação poderia trazer valor ao produto final. A experimentação sempre tem potencial de adição de valor.

Trabalhos científicos, projetos de pesquisa básica ou mesmo projetos de pesquisa e desenvolvimento fazem uso da experimentação como um meio de se chegar à melhor solução ou ao melhor método possível, provendo ao mesmo tempo a comprovação das vantagens e desvantagens de um determinado método em relação a outros. O rigor científico é evidenciado pelo fato de que tudo é baseado em fatos e dados. A criatividade no meio científico reside nas ideias utilizadas para se chegar a uma nova proposição, com o objetivo de melhorar um método existente ou mesmo criar um novo que traga real benefício ao objeto de estudo.

Nas Artes, não se pode se dar ao luxo de não usar a experimentação. Raramente um artista tem em sua mente a obra final. O processo criativo é, portanto, sob este ponto de vista, iterativo. A ideia base é o início de tudo, e sobre ela se fazem experimentações. O processo iterativo leva a uma sequência de atividades que culminará eventualmente na produção da obra final. No trabalho do CD eiranembeira não foi diferente. A experimentação teve um papel primordial no resultado final, influenciando, por exemplo, a maneira com que alguns instrumentos foram executados e a maneira como a história fictícia da jornada de Rupert foi contada. Aliás, a história de Rupert talvez tenha realmente sido resultado de pura experimentação, executada com base em uma ideia primária. O clima de uma música levou à experimentação dos efeitos sonoros que, por sua vez, foram a base da linguagem utilizada para relatar a jornada de Rupert. É interessante notar que, quando da primeira experimentação dos efeitos sonoros, não se pensava ainda em fazer com que a história de Rupert permeasse todo o trabalho. Os efeitos estavam ainda confinados ao início e ao final de uma determinada música. Entretanto, os resultados obtidos levaram a novas ideias, que no fim culminaram em uma linguagem definida para o relato da história.

A experimentação é um processo iterativo que leva a novas ideias, as quais podem produzir um resultado surpreendente.

Para se ter um ambiente propício à experimentação, há que se relaxar quanto ao controle, especialmente naquele que diz respeito ao tempo. Quanto maior o nível de controle sobre um projeto, menor a chance de que ele produza inovação significativa. No trabalho do CD eiranembeira, certamente um dos parâmetros fundamentais para o desenvolvimento do produto final foi a flexibilização quanto ao prazo. O projeto dependia de financiamento externo e, portanto, estava sujeito a uma fiscalização rigorosa, especialmente quanto ao prazo de execução. O projeto fazia uso de financiamento provindo de impostos de empresas, por uma lei de incentivo à cultura, a saber, a Lei Rouanet, do Ministério da Cultura. A captação de recursos financeiros, todavia, mostrou-se morosa, o que ocasionou um atraso significativo na execução do projeto. O prazo para o término da execução do projeto pôde ser então prorrogado com base em justificativas pertinentes. Isso, aliado à tentativa de baixar a ansiedade quanto ao término do projeto, permitiu a realização das experimentações que foram essenciais para o resultado final. O que parecia ser uma ameaça, ou seja, a falta de verba, passou a ser uma oportunidade de melhorar a qualidade do trabalho e de inserir outros valores no resultado final.

A pressão quanto ao prazo de execução não é propícia à experimentação, o que diminui as chances de geração de novas ideias.

Em gestão de projetos, normalmente se dá grande ênfase ao cumprimento dos prazos. A ênfase nesse parâmetro, entretanto, mostra-se inadequada ao processo de inovação, que depende, é claro, do processo de experimentação. A experimentação, a pesquisa, a investigação e a criação são atividades que não podem confiar no tempo. Não se pode esperar que um produto inovador seja produzido num prazo definido e rigoroso. Prazo pode ser cobrado quando se empreende um projeto industrial, ou seja, um projeto sobre cuja execução e sobre cujo produto final tudo se sabe.

O controle rigoroso diminui as chances de se produzir inovação.

7.4 Potencial latente

Quando se gera inovação em um determinado projeto, seus resultados extrapolam seu objetivo concreto. Como consequência, a inovação gerada no projeto acaba impactando a elaboração, o desenvolvimento e os próprios resultados de outros projetos. Seus resultados se tornam, portanto, subjetivos em termos de quantificação. Muitas vezes não se pode dizer em palavras ou exprimir mediante números os benefícios advindos de uma inovação. O mundo dos negócios carece de uma ferramenta que possa medir resultados dessa natureza trazidos pela inovação.

Uma coisa que parece certa é que os projetos de inovação continuam a impactar o ambiente no qual estão inseridos mesmo após seu término. Eles adquirem potencial para posterior exploração. Eles abrem o caminho para novos negócios. Eles apresentam novos horizontes a explorar.

Isso acontece também no mundo das artes. Tomando novamente o trabalho do CD eiranembeira como exemplo, pode-se observar que ele apresenta potencial para posteriores explorações. Se ele tivesse se restringido a um trabalho musical tradicional, provavelmente teria permanecido apenas nas prateleiras das lojas, esperando sempre o mesmo, ou seja, que alguém se interessasse de alguma maneira pela música e o adquirisse, ouvisse e continuasse ouvindo pelo menos esporadicamente. Entretanto, devido à sua natureza inovadora, ele abre o caminho para novas experiências, tanto por parte do autor quanto por parte de seu público. Como relatado anteriormente, o trabalho foi alvo de estudos que resultaram em uma aplicação que extrapolou os objetivos iniciais do autor. Sob o ponto de vista do autor, o trabalho continua apresentando potencial para novas explorações, novas experiências, novas experimentações e novas criações. A continuação do trabalho torna-se quase natural, bastando que os recursos necessários para sua produção sejam investidos.

> *Os resultados de um projeto de inovação extrapolam os limites daquilo que é esperado, abrindo novos horizontes e impactando outros projetos.*

Voltando ao mundo dos negócios, projetos de P&D em empresas apresentam exatamente essa característica e, portanto, geram resultados que muitas vezes não são vistos ou considerados pela gerência da empresa. Tais resultados mudam significativamente os horizontes da empresa, trazendo novas oportunidades e novos produtos que aumentam seu valor no mercado.

7.5 Experiência e capacitação

Não podemos nos esquecer, ao analisar os resultados de um projeto baseado na criatividade, tanto no mundo das artes quanto no mundo dos negócios, da experiência adquirida pelos participantes e dos benefícios por ela trazidos no que tange ao potencial para novos desenvolvimentos. Alguém poderia argumentar que projetos de qualquer natureza apresentam essa característica de enriquecer o conhecimento e a experiência dos participantes, mas esse efeito é muito mais significativo em empreendimentos de natureza criativa.

Projetos de P&D, por exemplo, apresentam grande potencial de resultados em termos de qualificação de pessoas. As próprias atividades do projeto servem como base para um programa de pós-graduação nos níveis de mestrado e doutorado. Da mesma maneira, a sensibilidade para a criação é aguçada à medida que se evolui no desenvolvimento de um projeto criativo. Ao contrário do que muitos pensam, a criatividade pode ser treinada. Aparentemente, pessoas nascem com algum potencial criativo, mas sua evolução depende muito de sua própria disposição, da educação e do ambiente em que se encontram.

Dessa maneira, pessoas inseridas num ambiente empresarial criativo, ou em projetos de natureza criativa, tendem a aprender e evoluir no processo criativo, adquirindo potencial para novos empreendimentos de natureza inovadora. Projetos de P&D, que dependem muito do conhecimento científico e também da criatividade para a proposição de novos modelos, novos produtos e novos métodos, oferecem uma excelente oportunidade para inovações de impacto.

A criatividade, embora seja algo interno da pessoa, pode ser exercitada. Explorar, experimentar e investir no potencial criativo leva à sua evolução e possibilita gerar grandes resultados.

7.6 Senso de estética

A criatividade tende a aguçar o senso de estética das pessoas. Isso tem muito a ver com a própria arte, a qual lida constante e intensamente com a estética. As artes plásticas, a música, a literatura e outros tipos de arte apresentam uma grande afinidade com a estética.

Quando a criatividade começa a ganhar seu espaço no mundo profissional, os produtos desenvolvidos tendem a ganhar muito com a nova dimensão estética que acompanha a criatividade. Isso pode se tornar um diferencial importante, em algumas áreas de maneira significativa, em outras nem tanto. Por exemplo, a estética tem um papel fundamental em produtos computacionais. Disciplinas que lidam com o visual são, portanto, estudadas a fundo. Entretanto, são as pessoas criativas que, aparentemente, possuem maior potencial para desenvolver um ousado senso de estética, necessário para gerar um produto novo e de bom gosto no mundo dos negócios.

Muitos poderiam argumentar, ao ler o fim da frase anterior, que não há bonito nem feio, tudo é uma questão de gosto. Mas se fosse realmente assim, por que os enólogos, por exemplo, que refinam seu gosto num processo evolutivo, apreciam vinhos secos ao invés de doce? Ou por que músicos estudados tendem a gostar de músicas mais elaboradas ao invés de música pop? O refinamento de gosto é um processo evolutivo. Com isso, podemos afirmar com muita segurança que pessoas criativas tendem a ter bom gosto no que diz respeito à estética. E isso, por sua vez, ganha espaço no mundo competitivo, tornando-se um diferencial importante.

A estética ganha um espaço cada vez maior no mundo competitivo, e é desenvolvida em ambientes criativos.

7.7 Perda de tempo – a criatividade está na cabeça

Uma nova ordem de utilização do tempo ganha espaço com a ascenção da criatividade no mundo empresarial. O que outrora, ou mesmo hoje em dia, em ambientes operacionais gerenciados de maneira tradicional, era perda de tempo pode não ser mais encarado dessa maneira. Algumas atitudes pessoais, antes condenadas, passam a ter papel primordial no processo criativo de produção. Um exemplo típico é parar para pensar. Frases do tipo "você não está sendo pago para pensar, e sim para fazer" faziam-se ouvir quando um intruso criativo entrava num ambiente dominado pela gestão tradicional.

Como a criatividade reside em nossa mente (e também em nossas atitudes, por exemplo, a experimentação), o trabalho passa a extrapolar os limites físicos do ambiente de trabalho e os limites temporais do expediente normal de uma empresa. Um *insight* pode acontecer na mente de uma pessoa criativa, remetendo-a à solução que procura para um determinado problema profissional. Isso não quer dizer que esse tipo de pessoa fica pensando o dia todo ou o fim de semana todo no trabalho. Sua mente está ligada, e um *insight* pode ocorrer a qualquer momento, remetendo-a ao processo de criação no qual o profissional está inserido.

> *Muitas soluções criativas nascem a partir de insights fora do expediente de trabalho.*

7.8 Analogias

Pessoas criativas estão sempre atentas a oportunidades. Quando se deparam com uma solução criativa para algum problema, passam a vislumbrar soluções semelhantes provindas de uma possível adaptação da solução observada ao seu contexto de trabalho. O mundo empresarial ganha muito com esse tipo de atitude das pessoas criativas, as quais fundamentam novas oportunidades e geram soluções diferenciadas que podem trazer grande valor ao seu negócio.

As empresas devem identificar esse potencial e nele investir, por exemplo, permitindo que os profissionais criativos estejam sempre presentes em fóruns, congressos, seminários e eventos de intercâmbio de conhecimento. Essas pessoas podem transformar esse investimento em ganhos significativos nos negócios. Muitas empresas encaram a participação de profissionais em eventos como um gasto inútil ou de rara utilidade. Para ser inovador, deve-se mudar essa postura, e investir no conhecimento, envidando esforços para que a criatividade flua de maneira mais natural.

> *A constante observação daquilo que acontece no mundo representa grandes oportunidades aos olhos das pessoas criativas, que podem utilizar ideias em um contexto para transformá-las numa nova ideia em outro contexto.*

7.9 Diversidade e equilíbrio

O trabalho eiranembeira teve uma característica peculiar que lhe permitiu atingir um resultado diferente e ao mesmo tempo interessante. Essa característica tem a ver com a diversidade de pensamento e criação e com o equilíbrio necessário para permitir a convergência de criação.

O produtor musical Lauro de Castro Netto, que será chamado aqui pelo seu primeiro nome, foi o responsável por, digamos assim, em linguagem mais industrial, implementar ou executar o produto final em termos musicais. O autor, por outro lado, foi o responsável pela concepção do trabalho, criador das músicas, das letras, com exceção de três, escritas pelo amigo Paulo Sérgio da Silva, da arte explicitada no encarte e da ficção da jornada de Rupert.

O trabalho desses dois indivíduos se mesclou no decorrer do trabalho. Foram noites e noites de criação, algumas vezes "quebrando a cabeça" antes de chegar à ideia final, outras vezes fluindo de maneira mais natural. Tudo dependia da inspiração, das ideias, de nosso pensamento, de nossa disposição mental, de nosso sentimento.

Lauro tinha um papel mais "pé-no-chão". Ele era o responsável por deixar o trabalho mais sonoro, mais fácil de ser ouvido pelas pessoas. O autor, Klaus, tinha o papel de voar, sonhar, explorar o inusitado, fazer aquilo que viesse à sua cabeça. Ele era o dono do projeto, e Lauro era aquele que iria viabilizar o produto final e seu acesso pelo público. Era uma combinação propícia para os objetivos do projeto.

Lauro, às vezes, "proibia" Klaus de fazer certas loucuras. Klaus, outras vezes, "batia o pé" e não abria mão de certas loucuras que Lauro queria evitar e afastar do trabalho. Um exemplo do primeiro caso consistiu da retirada de uma segunda voz em uma música que Lauro contundentemente vetou por ter sonoridade bastante estranha, uma vez que fazia intervalos de segunda maior em diversos trechos. Um exemplo do segundo caso consistiu da permanência do primeiro acorde do trabalho da maneira como foi concebido por Klaus. Lauro gostaria de alterar o baixo de mi para ré, tornando o acorde mais sonoro, um simples Dm7. A permanência do baixo em mi proporcionava um acorde com sonoridade inusitada: Esus7(b9)(b13). Klaus argumentou que o primeiro acorde do trabalho deveria representar sua essência, um trabalho inusitado, exploratório, buscando elaboração e requinte em sua musicalidade.

Projetos que dependem muito da criatividade das pessoas devem ser liderados tendo em mente esse tipo de estrutura de equipe, onde a diversidade, guiada de maneira a atingir o equilíbrio, leve à evolução do projeto e à produção de resultados diferenciados. O líder de um projeto baseado na criatividade deve saber selecionar ideias, buscando aquelas que podem ser viabilizadas e que tenham potencial para adicionar valor ao resultado do projeto. Para tanto, é necessária visão criativa. Muitas vezes não se sabe ao certo se uma ideia apresenta ou não esse potencial. Às vezes, a única maneira de saber é experimentando.

As conclusões a que podemos chegar são:

- A experimentação é essencial num ambiente criativo.
- Da liderança com visão criativa depende o grau de inovação e diferenciação atingido pelo projeto.
- A diversidade criativa e a capacidade de convergência são fundamentais para criar diferenciação.

> *Um empreendimento criativo desenvolvido em equipe*
> *deve explorar a diversidade de ideias.*
> *Sua liderança é responsável por fazê-las convergir*
> *para produzir um resultado ousado.*

7.10 Competitividade e evolução

Normalmente a inovação de produtos se dá quando uma empresa busca a diferenciação. A competitividade entre as empresas pode ser encarada, portanto, como um mecanismo para incentivar a inovação. Muitos programas de fomento incentivam essa competitividade como forma de fundamentar a evolução tecnológica em diversos setores.

No trabalho eiranembeira, a competitividade pode ser ilustrada, mesmo que de maneira subjetiva e indireta, em uma das músicas que compõem o trabalho. No trecho que constitui o ápice instrumental da música, três instrumentos competem entre si por um lugar de destaque. Normalmente, solos são feitos por um instrumento de cada vez, enquanto os demais fazem o que se chama de base musical. Nessa música, os três instrumentos foram colocados simultaneamente como se cada um estivesse fazendo solo, proporcionando uma espécie de competição entre eles. O resultado final dessa competição significou ao autor mais do que a somatória da contribuição dos três instrumentos solo, por ter constituído uma sequência inusitada e requintada, devido à sua estrutura musical e à qualidade com a qual os instrumentos foram executados.

Um programa de fomento à inovação poderia seguir a mesma filosofia, a saber, promover a competição entre as partes para produzir contribuições e resultados práticos para a sociedade, os quais poderiam refletir muito mais do que a soma de iniciativas isoladas.

Essa "competição" pode gerar frutos em um projeto de natureza criativa se usada de forma adequada. Profissionais criativos devem ser instigados a produzir ideias diferentes. A liderança, por sua vez, deve usar essas ideias de maneira a extrair de cada uma delas contribuições para a proposta final, ao invés de fomentar a competição que se traduz em conflito, onde uma ideia procura excluir a outra.

Essa filosofia, no trabalho eiranembeira, teve seu início na ideia pura e simples de construir o ápice do trabalho como um todo nesse trecho musical, uma espécie de *"grand finale"*. A ideia do autor era exatamente promover a competição entre instrumentos. O autor havia criado a base musical para o trecho, mas não sabia como implementar essa competição entre instrumentos, que constituiria o diferencial da música. A ideia foi explicitada ao produtor musical, Lauro, que no princípio ainda não havia percebido claramente aonde o autor pretendia chegar.

A compreensão da ideia por parte de seu implementador foi evoluindo no decorrer do trabalho. Primeiramente foi gravado o solo de guitarra. Depois disso, foi feita uma tentativa de alcançar o resultado desejado com a gravação do saxofone. Cada instrumento foi colocado num canal distinto, a saber, esquerdo e direito. Entretanto, o autor ainda não estava satisfeito. A próxima tentativa foi a gravação de outro instrumento baseado em sintetizador. O grande *insight* do produtor, depois da gravação desse terceiro instrumento, foi colocar a guitarra no canal direito, o sintetizador no canal esquerdo e o saxofone ao centro, proporcionando a esse último instrumento um lugar de destaque entre os três.

A frase pronunciada por Lauro após atingir o resultado final foi a seguinte: "Agora eu entendi o que você queria". O ponto que deve ser observado nessa experiência é que Lauro nunca teria tentado a combinação dos três instrumentos, não fosse a ideia latente na mente do autor. O resultado foi alcançado devido à junção da ideia de Klaus com a capacidade implementadora de Lauro, além, é claro, do processo de criação em si, pesadamente baseado em experimentação.

Este princípio pode ser igualmente explorado no mundo empresarial. Cabe ao líder o papel de coordenar a competitividade, conduzir as experimentações e direcioná-las para produzir resultados diferenciados. O processo de inovação depende muito dessa característica experimental e da liderança coordenadora na integração das ideias produzidas.

Crônicas corporativas

A crise econômica e o desenvolvimento

O dilema que o mundo empresarial enfrenta em tempos de crise econômica é notório. Empresas dos mais variados setores do mercado veem-se obrigadas a rever seu planejamento e redefinir suas estratégias de investimento. As ondas negativas geradas pela crise, provindas de direções e contextos diversos, impactam a sociedade como num efeito dominó. As posturas das empresas variam de acordo com seu campo de atuação e também com sua visão de estratégia. O caminho mais sensato para a maioria delas é focar na sobrevivência primordialmente, deixando as questões voltadas ao seu desenvolvimento em segundo plano. O que isso significa? Significa focar naquilo que é urgente e por ora esquecer daquilo que pode garantir a sobrevivência da empresa no futuro em médio e longo prazos.

Situações adversas como a que vivemos em épocas de crise nos colocam em uma encruzilhada. O investimento equivocado em questões voltadas ao futuro longínquo pode impactar o investimento nas questões operacionais de tal maneira a marcar a derrocada de um empreendimento. Por outro lado, empresas que se limitam a focar apenas as atividades operacionais como forma de garantir a sobrevivência, interrompendo qualquer investimento de futuro ou de capacitação, podem selar seu destino de ser apenas mais uma no mercado, enquanto subsistirem. É justamente a adversidade que pode mudar o curso do mercado, proporcionando a possibilidade de algumas empresas despontarem como potência e determinando a queda de outras que outrora eram inabaláveis em sua posição de liderança de mercado.

Nossa postura perante essa situação é, portanto, crucial na determinação de nosso futuro. Mais do que qualquer outra coisa, é hora de parar e pensar, promover a criatividade para a geração de novas soluções, tanto de produtos quanto de metodologia. É hora de planejar, e talvez até replanejar. É hora de olhar as coisas sob um ponto de vista alternativo. É hora de se perguntar por quê. É hora de redefinir o direcionamento do empreendimento, de forma a não só garantir sua sobrevivência como também de aproveitar a oportunidade, gerada pela adversidade, para adquirir um significativo diferencial competitivo. Apenas uma visão empreendedora, criativa e bem fundamentada poderá alcançar esse sucesso. Apenas uma postura ousada poderá transformar a tão temida crise em uma fonte de novos resultados.

Muitos empreendimentos conquistaram, nessas condições, importantes vitórias frente ao mercado. Algumas delas, entretanto, resignaram-se com o diferencial alcançado, e relaxaram assumindo que a vitória parcial fosse suficiente para lhe garantir o futuro. Algumas outras vieram inclusive a sucumbir perante um mercado dinâmico e extremamente competitivo, mesmo tendo estado à frente de sua concorrência pelo tempo que a sustentabilidade de suas inovações lhes permitiu.

É provável que o efeito da conquista de um diferencial seja similar ao efeito ocasionado pelas artimanhas negociais que muitas vezes nos levam à crise financeira. Esse efeito nada mais é do que a falsa ilusão de que as conquistas são mais sustentáveis do que realmente são. Em um mundo em constantes mudanças, tanto em termos de oferta quanto em termos de demanda, confiar totalmente em um passo bem dado pode significar a derrocada definitiva.

A sustentabilidade da inovação só é garantida quando o pensamento que a rege consiste em torná-la obsoleta. Para ser sustentável, a inovação deve estar constantemente se sobrepujando.

Por isso, torna-se essencial não apenas desafiar a crise com um novo olhar sobre o mercado como também adquirir uma postura de constantemente lutar para que a vantagem competitiva alcançada graças a esse novo olhar se reduza a zero. O futuro pertence aos que hoje enxergam além, mas o sucesso definitivo pertence aos que consistentemente questionam sua própria visão.

8 A carreira profissional e as diferentes culturas de gestão

No mundo corporativo, os diversos tipos de caracteres de gestão variam significativamente, determinando a postura das empresas frente ao seu negócio. Dependendo da cultura local ou regional, um caráter de gestão predomina em relação a outros. Algumas empresas adotam um mecanismo de gestão alternativo, diferente daquele vigente na maioria das empresas, o qual, se bem-sucedido, pode gerar um diferencial importante.

Diante desses diferentes caracteres de gestão, um profissional deve saber claramente o rumo que deseja para sua carreira para poder escolher o ambiente de trabalho mais propício ao seu crescimento, sua satisfação, sua realização. Entretanto, muitos profissionais não têm alternativa senão resignar-se a trabalhar na empresa que lhes concedeu a primeira oportunidade, que pode muito bem ser aquela cujo mecanismo de gestão não favorece seus anseios profissionais.

Se um profissional criativo, cuja realização está fortemente relacionada com empreendimentos, estiver trabalhando em uma empresa cuja gestão é de natureza controladora e tem como base estrutural a hierarquia, decididamente ele estará trabalhando no lugar errado. Deve mudar tão logo quanto possível. A menos, é claro, que a empresa lhe conceda algum benefício do qual o profissional não deseja em hipótese alguma abrir mão. Nesse caso, ele tem que estar disposto a deixar de lado alguns de seus objetivos, e pode muito bem, no decorrer dos anos, sentir-se arrependido ou, pelo menos, encontrar-se constantemente questionando sua decisão.

O texto deste capítulo tem por objetivo contrapor duas culturas, dois mecanismos de gestão bem divergentes. O objetivo do texto é claro: Evidenciar as virtudes de um ambiente criativo que não estão presentes no ambiente hierárquico industrial, enfatizando a necessidade premente que o país tem de mudar sua cultura de gestão para despontar como um país inovador.

O primeiro mecanismo descrito é baseado no modelo de gestão industrial, com ênfase na hierarquia e no controle. O segundo mecanismo é baseado no modelo de gestão que procura explorar a motivação e a criatividade de seus profissionais, buscando com isso a inovação.

8.1 Regras e diretrizes

Numa estrutura hierárquica, as regras têm grande importância. Os profissionais que progridem na carreira são aqueles que se esforçam por respeitar as regras, não obstante algumas delas poderem ter sua lógica questionada. Seria mesmo incorreto desobedecer às regras. Mas então onde está o problema, se quem cresce na carreira são aqueles que fazem o que é certo, ou seja, obedecem às regras? O problema está justamente em sua natureza. Quanto mais rígidas as regras, mais controladora é a gestão da empresa. Se as regras forem encaradas como lei em vez de estabelecerem diretrizes, o profissional criativo não terá muita chance de evoluir em sua carreira. Vale lembrar aqui o que foi mencionado no capítulo que fala sobre pessoas criativas: A organização (ordem) e a criatividade lutam entre si. As pessoas criativas normalmente apresentam uma postura questionadora.

8.2 Caráter

Em empresas fortemente baseadas na hierarquia, pode-se tornar uma obsessão para muitos profissionais a busca pelo poder. Tais profissionais encontram normalmente um caminho mais fácil de evolução na hierarquia assumindo um caráter mais flexível, ou seja, demonstrando que seus valores não são bem definidos. Poder-se-ia dizer que são volúveis, mas na verdade seus valores se moldam, tomando a forma mais condizente com seu posto. A escalada na hierarquia se torna mais importante do que seus próprios princípios. Muitas vezes é-lhes necessário até mesmo redefinir, em suas mentes, o conceito de "mentira". Esse comportamento é susceptível de ocorrer com maior frequência nesses ambientes porque a rigidez da hierarquia se apresenta como o elemento que fundamentalmente regula a carreira de seus profissionais.

Por outro lado, há profissionais que se recusam a negociar seus princípios, por mais complexa que possa ser a situação. Ao terem a consciência de que uma decisão tomada não é a mais adequada, essas pessoas se manifestam de maneira categórica. Por esse motivo, são muitas vezes consideradas "do contra", e são acusadas de tumultuar o ambiente profissional, de serem "pessoas difíceis". Em empresas de natureza inovadora, que buscam o aprendizado constante para se diferenciar no mercado, a diversidade de pensamento é muito bem-vinda. É nelas que os profissionais "do contra" terão maior oportunidade de se realizar e evoluir em sua carreira.

8.3 Palcos e encenações

No ambiente empresarial encontramos basicamente dois tipos de comportamento em termos de postura. Existem aquelas pessoas que se comportam sempre da mesma maneira, expondo suas opiniões e seu posicionamento de maneira clara e transparente. Existem também aquelas pessoas cujas opiniões e posicionamento dependem de outros fatores, normalmente relacionados à percepção de seus superiores. Trabalhar em uma empresa controladora e com ênfase na hierarquia estrutural exige dos aspirantes a postos cobiçados saber como encenar, adotando uma postura que se caracteriza por alinhar-se constantemente a políticas. Esse é o palco da hierarquia, onde as encenações giram em torno do poder.

Os profissionais que agem de maneira transparente e nunca têm medo de expor seu verdadeiro pensamento trazem grandes benefícios ao crescimento de uma corporação empreendedora e que está constantemente à procura de alcançar um diferencial. Esse é o palco do empreendedorismo, onde as encenações servem como ferramentas para promover a criatividade.

Relembrando o capítulo sobre pessoas criativas, que fala sobre os parâmetros de realização profissional de diferentes tipos de pessoas de acordo com resultados de trabalhos científicos, *managers* de empresas baseadas na hierarquia se motivam pela afiliação e pelo poder, enquanto cientistas se motivam pela conquista e realização.

8.4 Cargos e atitudes

Uma consequência direta da ascensão de um profissional ao poder em uma empresa controladora e hierarquizada é a necessidade do novo ocupante do cargo ter que se adaptar, em termos de natureza de postura e de atitudes, ao seu novo posto, pois seu cargo depende de um alinhamento às políticas pessoais de quem lhe outorgou suas novas responsabilidades. Um novo posto certamente exige nova postura e novas atitudes, mas sua natureza depende de alguns fatores. Se a ascensão ao cargo tiver tido motivação política ou de afinidade pessoal pura e simplesmente, o novo ocupante do cargo deverá se esmerar por corresponder aos anseios de seu "padrinho". Esses profissionais mudam até mesmo seus costumes pessoais, sua companhia de almoço, abandonam seus velhos colegas, e passam a viver uma fantasia de estarem em outro nível. As coisas relacionadas ao passado ficaram em um nível inferior, e devem, portanto, ser esquecidas.

Por outro lado, se a nova responsabilidade tiver sido consequência de maturidade e competência, comum em empresas que buscam se diferenciar e que, em maior ou menor grau, baseiam-se no conhecimento e na competência das pessoas, o ocupante da nova responsabilidade assumirá seu novo desafio com a mesma natureza de postura e atitudes, mudando apenas aquilo que seu novo cargo exige, buscando maior maturidade e responsabilidade. Seus amigos e colegas, na medida do possível ou do que seus compromissos permitem, continuam os mesmos, afinal existe plena consciência de que eles fizeram parte de seu crescimento e de sua evolução profissional. Além disso, um cargo em uma empresa é decididamente algo temporário.

8.5 Prender ou aprender

"Esconder o jogo" é uma atitude frequente em empresas hierarquizadas, uma vez que o compartilhar de uma informação ou do conhecimento de maneira geral pode pôr em risco o cargo de alguém, especialmente se seu nível de competência não for exatamente o mais adequado àquela posição. Nesse caso, tudo é feito para que as coisas permaneçam como estão. Mudança é significado de risco, especialmente se envolver competência. Nessas condições, o ocupante de um cargo não zela efetivamente pelo aprendizado de seus subalternos, nem provê a transparência necessária a outras áreas da empresa para que haja integração, por meio do conhecimento, que traz real crescimento para a empresa.

Por outro lado, profissionais empreendedores não desperdiçam uma oportunidade sequer de aprender e adquirir novos conhecimentos e experiências. Eles não se apegam tão facilmente a cargos temporários em uma empresa, e estão mais preocupados com seu próprio desenvolvimento como profissionais e com os empreendimentos que podem proporcionar grande valor para a empresa onde atuam. Na liderança, há plena consciência de que a livre disseminação de conhecimento traz crescimento a todas as pessoas e consequentemente a toda a equipe de trabalho. Compartilhar o conhecimento com outras áreas da empresa proporciona novas oportunidades de empreendimento e, com isso, de crescimento pessoal e empresarial. Nesse ambiente, não se "esconde o jogo".

8.6 Fazer parte do esquema

Profissionais que atuam dentro de um sistema hierárquico baseado no controle frequentemente atuam como se estivessem jogando em um time. Nesses casos, o que mais importa é que o time esteja jogando para ganhar, não importando muito a natureza dos artifícios usados para alcançar a vitória. Quando se joga num time unido, os artifícios necessários para o crescimento do time e, consequentemente, de seus integrantes ficam ainda mais ocultos, preservando o esquema. Os ocupantes são preservados em seus respectivos cargos enquanto o time estiver ganhando.

Por outro lado, profissionais empreendedores, na maioria das vezes, assumem como missão, ao chegar a um nível mais alto de responsabilidade, contribuir para que a empresa cresça de maneira sadia. Para isso, fazer parte de esquemas que visam apenas a trazer benefícios para alguns indivíduos está fora de cogitação. Não se pode ter medo de perder benefícios. Não se pode negociar caráter e muito menos o caminho genuíno da satisfação profissional. Na mente do empreendedor, muito mais vale a realização de algo de valor do que possíveis benefícios que possa vir a ganhar.

8.7 Arriscar: perder ou ganhar?

Uma das características mais marcantes de ambientes controladores é a aversão ao risco. Correr risco é algo a ser evitado a todo custo. Tudo gira em torno de garantir a maior segurança possível, reduzindo as incertezas que possam vir à tona. Com uma boa gestão, as empresas que se enquadram nessa categoria estarão aptas a permanecer no mercado até que nele aconteça uma ruptura significativa que exija um grau mais elaborado de adaptação, e para a qual elas dificilmente estarão preparadas. No contexto tecnológico, a dinâmica de evolução do mercado nos dá muitos exemplos de empresas que desapareceram com a ruptura de um processo, de um novo produto ou de uma nova tecnologia, mesmo após terem conquistado uma grande fatia de mercado e uma excelente reputação.

Empresas, assim como pessoas, não podem parar de olhar para o futuro, de se preparar para o inesperado. Pessoas criativas e empreendedoras se tornam especialmente importantes em empresas com a visão de futuro e de evolução constante. Questionar é uma das atitudes mais valorizadas, assim como imaginar o (aparentemente) impossível.

Correr riscos pode ser uma atitude com potencial para perder e para ganhar. Depende da postura empresarial e, portanto, das pessoas. Atuar em uma empresa controladora e que tenha aversão ao risco pode ser um castigo muito pesado para aqueles profissionais que desejam criar valor.

8.8 O decreto e a sinergia

Algumas empresas reconhecidamente inovadoras nasceram com a proposta inequívoca de quebrar paradigmas. Outras empresas que também evidenciam seus empreendimentos inovadores tiveram que construir seu caminho quebrando o paradigma da gestão industrial. Entretanto, o caminho que essas empresas tiveram que descobrir e trilhar para tornar possíveis seus empreendimentos, em sua grande maioria, foi um tanto tortuoso. As pessoas visionárias que abriram o caminho tiveram que fazer uso de estratégias bem elaboradas, tendo sido elas mesmas o principal catalisador do processo.

O papel da alta gestão foi o de permitir que essa porta fosse aberta, tendo como motivação a visão de futuro e a oportunidade de novos e atrativos negócios. O apoio da alta gestão às pessoas visionárias se resumiu a isso. Uma evidência clara desse fato é o mecanismo de parcerias estabelecido com instituições científicas. Poder-se-ia ingenuamente pensar que as parcerias tenham sido estabelecidas com a interveniência da alta gestão das entidades envolvidas, mas o fato é que os empreendimentos inovadores são fundamentados em um nível hierárquico inferior, na interação direta entre as pessoas envolvidas.

A criatividade e a inovação, assim como P&D, não acontecem por decreto. Acontecem em um ambiente sinérgico. Profissionais empreendedores devem estar cientes disso, para poder canalizar seus esforços de maneira efetiva.

Crônicas corporativas

Quebrando paradigmas de liderança

Podemos observar claramente o receio que dirigentes de empresas brasileiras têm atualmente de confiar em pessoas com características fortes de liderança e ao mesmo tempo de criatividade e, por conseguinte, de empreendedorismo. Esse receio é evidenciado pelo perfil das pessoas que ocupam cargos de gerência ou de coordenação.

O modelo de gestão industrial preconiza sobretudo o controle e a organização. O conceito que os dirigentes atuais não conseguem absorver diz respeito ao conflito de natureza entre o perfil controlador e o inovador. No decorrer deste livro, pudemos "ouvir" relatos científicos relacionados à natureza inovadora e refletir sobre seu funcionamento e sobre como empreendimentos empresariais podem fazer uso dela.

Como este texto é apenas uma crônica, sinto-me na liberdade de escrever o que me vem à mente na tentativa de ilustrar esse dilema vivido atualmente na gestão das empresas. Talvez até nem seja um dilema, uma vez que a maior parte delas nem sequer tem consciência de que exista um perfil de liderança inovador que tenha potencial para fazer real diferença na vida da empresa.

Então eu vou imaginar uma equipe de pessoas que tenha como atribuição percorrer diariamente um caminho, partindo do ponto inicial X e chegando ao ponto final Y. Existe um caminho padrão, testado exaustivamente e reconhecido pela gestão como um "bom caminho" de X a Y.

Vou imaginar também que a experiência da gestão da empresa diz que, para se atingir um resultado adequado e conhecido, é necessário que se disponha todas as pessoas da equipe em uma fila, e que todas estejam amarradas pela cintura, e que exista uma guia, por exemplo, uma corda ao longo de todo o caminho, que as obrigue a se manter no caminho preestabelecido.

O resultado que se consegue com esse mecanismo de trabalho é previsível e altamente controlável. Aquela que não se comportar da maneira esperada, ou seja, não caminhar ao longo do caminho indicado pela guia, na ordem preestabelecida, é passível de punição. Excetuando-se esse tipo de problema com algumas pessoas que se recusam a se portar da maneira esperada, o resultado estará de acordo com a filosofia da empresa, que consiste em produzir sempre o mesmo resultado, esperando que o mercado nunca mude ou nunca exija alguma diversificação que a obrigue a empreender novas atividades.

Se por um mero acaso acontecer de uma pessoa líder e criativa estar coordenando o processo de caminhar diariamente do ponto X ao ponto Y, talvez haja alguma diferença nos resultados obtidos, muito embora seja perceptível um maior risco. Entretanto, esse risco pode muito bem ser absorvido pela alta gestão, uma vez que um pequeno revés obtido em um determinado dia é muito provável de ser compensado no outro, devido ao conhecimento e à experiência obtidos anteriormente, e talvez até com maiores benefícios gerados.

Mas, afinal, como uma pessoa com esse perfil atuaria numa situação como essa? A primeira coisa que ela faria seria retirar a guia, uma vez que ela determina um processo rígido que proíbe, por assim dizer, a inovação, ou o "descobrimento" de um novo caminho. A segunda coisa que ela faria seria desamarrar as pessoas umas das outras, para que elas estivessem livres para empreender de acordo com sua capacidade, sua competência, sua experiência, sua criatividade.

O resultado disso poderia assustar, à primeira vista, a gestão industrial conservadora, pois imporia riscos ao processo estabelecido. Muito provavelmente, essa pessoa líder perderia o seu cargo. Aliás, nessa suposição, nem se sabe ao certo como ela conseguiu obter esse cargo, tendo um perfil completamente na contramão da filosofia de gestão. Mas às vezes pode acontecer. Se uma dessas pessoas porventura estiver nessa situação, espero que tenha maturidade para mudar o futuro da empresa, com muita sabedoria, e não se deixe enganar pelas artimanhas da gestão industrial.

9 Caso prático: a gestão de P&D em empresas públicas de serviço

Este capítulo consiste de um relato de uma experiência no desenvolvimento de um projeto de P&D por uma concessionária de energia. O projeto foi financiado pelo programa de P&D de uma agência governamental cuja atribuição é a regulamentação do setor de energia elétrica.

Mas antes da apresentação deste relato, deve-se fazer uma consideração importante a respeito de dois termos muito utilizados hoje em dia, especialmente no mundo empresarial. Alguns podem argumentar que as duas palavras têm o mesmo significado. Outros podem argumentar que existe uma diferença, mesmo que sutil, de acordo com o contexto em que são empregadas. Por esse motivo, sem entrar no mérito de semântica, decidiu-se neste texto fazer a consideração que se segue.

Rigidez *versus* rigor

Muito embora os dois termos, "rigidez" e "rigor", possam ser encarados como sinônimos em muitos casos, em outros eles podem ter conotações sutilmente diferentes entre si. Neste texto, o termo "rígido" está relacionado à falta de flexibilidade, ou seja, um processo rígido é aquele que não aceita exceções ou que não permite o traçado de um caminho alternativo. Por outro lado, o termo "rigoroso" está relacionado à seriedade de tratamento, o que não implica falta de flexibilidade.

Um exemplo prático: um processo rígido pode conter passos simples, mas que devem ser seguidos à risca. Ele não é tolerante a atividades que não se enquadrem no mesmo fluxo. Ele exige que se preencham documentos caracterizados como padrão para todos os tipos de projeto. Não há espaço para modificações no padrão, ou para seu preenchimento de forma diferente.

Um processo rigoroso, por sua vez, que não seja rígido ou inflexível, busca a seriedade. Isso implica avaliadores ou fiscalizadores com maior aptidão e habilidade no que diz respeito ao senso crítico. O processo rigoroso é exigente quanto à qualidade, mas não impõe regras rígidas a serem seguidas. Há espaço para traçar um caminho alternativo, contanto que bem fundamentado. Um processo rigoroso exige, de maneira semelhante, maior capacidade e preparo das pessoas, pois elas não estarão apenas seguindo uma receita, mas deverão formular uma proposta que exige certa criatividade.

9.1 O modelo de programa de P&D

A Lei 9.991 do ano de 2000 foi a catalisadora da instituição do programa de P&D da Agência Nacional de Energia Elétrica (ANEEL), com o objetivo de fomentar a evolução do setor elétrico brasileiro, provendo um mecanismo que possibilitasse a interação de empresas de energia com universidades e instituições de pesquisa na execução de projetos de P&D. O programa, entretanto, não exclui a possibilidade de desenvolvimento de projetos com equipes próprias das concessionárias. Não obstante ser importante a parceria entre as concessionárias e instituições de pesquisa, vê-se com preocupação o fato de as concessionárias normalmente não participarem efetivamente da geração do conhecimento. A realização de um projeto de P&D com equipe própria da concessionária, assumindo que nela exista o conhecimento necessário, torna-se uma experiência interessante que pode, no futuro, influenciar o modelo de gestão do programa.

Este texto relata as experiências vivenciadas no desenvolvimento de um projeto de P&D realizado com uma equipe constituída integralmente de profissionais da própria concessionária. Além disso, questões gerenciais e de liderança são abordadas e confrontadas com relatos encontrados na literatura científica. Em particular, ambientes de trabalho propícios à criatividade e à geração de inovação são discutidos.

9.2 P&D feito em casa

O modelo de gestão do programa de P&D da ANEEL pressupõe o envolvimento, no desenvolvimento de projetos, de pelo menos uma instituição de pesquisa, além da própria concessionária. O intercâmbio de conhecimento e experiência entre duas instituições de diferentes caracteres apresenta muito potencial de crescimento para ambas as partes, tanto em termos de conhecimento e experiência, como também em termos de potencialização de novas oportunidades.

Entretanto, existem circunstâncias em que a concessionária dispõe em seu quadro funcional de profissionais capacitados para o desenvolvimento de um projeto de P&D. Um dos grandes benefícios de alocar pessoas capacitadas no desenvolvimento de projetos dessa natureza é a valorização e a motivação dos profissionais, além de trazer novos conhecimentos e experiências em termos individuais e corporativos.

O desafio de se empreender um projeto de P&D no contexto de um programa bem gerenciado e fiscalizado, como é o da ANEEL, abrange diversos aspectos. A primeira grande questão é a compreensão, por parte da alta gerência, da importância de se gerar conhecimento com o objetivo de alcançar diferencial competitivo. Posteriormente, torna-se importante valorizar as iniciativas dessa categoria perante as demais atividades, sejam as de projetos de execução e de caráter imediato, sejam aquelas de rotina.

A não conscientização da alta gerência sobre a importância da iniciativa torna-se um grande risco para o sucesso do projeto. Esse risco se desdobra em vários aspectos práticos, os quais, apesar de muitos deles serem simples, contribuem para o aumento da probabilidade de insucesso e de resultados insatisfatórios. Dentre eles, incluem-se:

- Dificuldade em cumprir o tempo de dedicação dos profissionais envolvidos por questões organizacionais, tais como prioridade em outras atividades.
- Dificuldade na utilização de recursos e de infraestrutura para o projeto.
- Falta de acesso a bibliotecas digitais e aos periódicos científicos mais relevantes.
- Ambiente inadequado para a execução de projetos dessa natureza, em meio a atividades de rotina.
- Dificuldade por parte dos profissionais de se desvencilhar das tarefas rotineiras.
- Dificuldade de se adaptar a um novo modelo de projetos.

- Dificuldades relacionadas ao impacto do ambiente sobre mentes criativas.
- Dificuldade de mudar significativamente a maneira de trabalhar e a linha de pensamento no momento de se dedicar ao projeto de P&D.
- Falta de cultura voltada à inovação e rigidez em processos e padrões, prejudicando o andamento do projeto e a explicitação, valorização e potencialização de seus resultados.

Não obstante as dificuldades encontradas, é possível o desenvolvimento da cultura junto aos profissionais envolvidos de maneira gradativa, abrindo caminho para novas iniciativas e talvez para um esforço conjunto visando à retomada de um programa voltado à geração de conhecimento na empresa. Entretanto, essas iniciativas são ainda altamente dependentes dos esforços individuais de seus líderes e de seus participantes. Muitas vezes, a obtenção de alguns recursos, sejam físicos ou intelectuais, se dá por meio de mecanismos pessoais, baseados em sua rede de conhecimento.

Os resultados do projeto deste caso também demonstram que as concessionárias podem, sim, formar competências especializadas em seu corpo funcional e utilizá-las para produzir conhecimento e resultados que tragam não só projeção da empresa no cenário nacional e até internacional como empresa voltada à inovação, como também diferencial que gere vantagens competitivas sustentáveis.

9.3 Ambiente de trabalho

A gestão de P&D tem evoluído ao longo do tempo de acordo com as experiências das empresas. Segundo Edler, Meyes-Krahmer e Reger (2002), os pilares da quarta geração da gestão de P&D focam as questões gerenciais de filosofia, estratégia, organização e alocação de recursos. Uma das filosofias consiste em considerar P&D e tecnologia instrumentos estratégicos para a competitividade em longo prazo. No que concerne à estratégia, a tecnologia corporativa deve estar altamente integrada à estratégia corporativa (central) e à estratégia da unidade de negócio (localizada). Isso implica em organizar a coordenação de P&D de maneira centralizada e, ao mesmo tempo, descentralizada. A alocação de recursos, por sua vez, deve estar compartilhada entre a corporação (central) e as unidades de negócio (localizado).

Torna-se claro, portanto, que a gestão de P&D é um assunto complexo e que exige o estabelecimento de um modelo que fomente a geração de conhecimento, tanto em termos corporativos como localizados, e, posteriormente, analise os resultados obtidos como gatilho para uma dinâmica de redirecionamento estratégico. Nesse processo, reestruturar a organização da empresa buscando um novo perfil empreendedor e inovador torna-se pré-requisito.

Muitos estudos científicos realizados nos últimos cinquenta anos tiveram como objetivo identificar as variáveis organizacionais que influenciam a criatividade e a inovação, como aponta Mumford et al. (2002) em seu extenso estudo sobre liderança criativa.

Esses trabalhos levaram a uma conclusão bastante simples: criatividade e inovação tendem a ocorrer mais frequentemente em contextos organizacionais orgânicos, ao invés de mecanicistas. Examinando a relação estrutura–inovação, os estudos mencionados anteriormente indicaram que as variáveis estruturais no contexto de inovação apresentam uma forte generalidade. Entretanto, dois conjuntos de variáveis estruturais foram consistentemente relacionados de forma positiva à inovação.

Um dos conjuntos de variáveis estruturais, que inclui recursos de especialização, diferenciação funcional, profissionalismo e conhecimento técnico, indica que a divisão de trabalho com base na *expertise* contribui com a inovação. O outro conjunto de variáveis estruturais, que inclui comunicação interna e externa, indica que estruturas que promovem contato aberto e dinâmico contribuem com a inovação.

Os estudos também mostraram que variáveis tais como formalização e centralização, características de organizações mecanicistas, foram negativamente relacionados à inovação.

Segundo Dornelas (2003), as dificuldades enfrentadas pelas organizações no contexto de inovação estão relacionadas à forma como a empresa está estruturada, seus sistemas, políticas e procedimentos, direcionamento estratégico, às pessoas e à cultura organizacional. Ainda segundo Dornelas, algumas características muito comuns das organizações que exercem papel negativo na inovação são as seguintes:

- Sistemas de avaliação e recompensa mal dirigidos.
- Sistemas de controle opressivos.
- Muitos níveis hierárquicos.

- Responsabilidade sem autoridade.
- Falta de estratégia formal para a inovação.
- Falta de visão da alta direção.
- Falta de pessoas que sirvam como referências empreendedoras na direção.
- Excesso de burocracia.
- Excessiva segurança ou fixação às regras atuais.
- Critérios de desempenho não realistas.
- Orientação ao foco no curto prazo.
- Talentos e habilidades inapropriados.
- Valores mal definidos.
- Valores conflitantes com os requisitos necessários à inovação.

9.4 Liderança criativa

Alguns cientistas argumentam que liderança tradicionalmente não exerce influência sobre a criatividade e a inovação (Jung, 2001). Entretanto, Mumford et al. (2002) estudaram exaustivamente as características de liderança que podem trazer benefícios em equipes criativas. Algumas de suas considerações a respeito de empreendimentos criativos são as seguintes:

- Trabalho criativo pode ocorrer quando as tarefas envolvem problemas complexos e que não podem ser definidos rigorosamente e cujas soluções requerem a geração de uma nova técnica.
- Trabalho criativo é centrado em pessoas, as quais devem adquirir e desenvolver conhecimento de maneira ativa para que soluções criativas sejam geradas.
- Em trabalhos criativos, as partes envolvidas devem definir o problema, reunir informações, e progressivamente refinar e estender ideias iniciais para permitir uma implementação bem-sucedida.
- Trabalho criativo é difícil de executar, exige muito esforço e tempo de dedicação.
- Trabalho criativo tem como base a motivação, aliás, frequentemente, altos níveis de motivação.

- As condições de trabalho em atividades criativas normalmente apresentam alto grau de ambiguidade, ocasionando provável *feedback* negativo e um considerável nível de *stress* no dia a dia.
- Iniciativas de natureza criativa são empreendimentos arriscados.

As características das atividades criativas mencionadas deixam claro que o ambiente de trabalho das empresas no cenário atual não é propício a esse tipo de atividade. Estão em voga um alto grau de controle das atividades e o estabelecimento de processos formalizados, os quais tendem a ser adotados de maneira rígida e generalizada. Isso significa que existem fortes pressões para que tais iniciativas obedeçam regras e sigam diretrizes que não trazem contribuição efetiva para o sucesso do empreendimento. Pelo contrário, tais diretrizes exercem forças negativas em empreendimentos onde a criatividade é essencial para o sucesso do projeto que tem como premissa a inovação.

Considerando a estratégia governamental de fomentar iniciativas de P&D nos vários setores da indústria, as empresas devem voltar a dirigir suas atenções para tipos de liderança que sejam adequados a essas atividades, as quais extrapolam as técnicas tradicionais voltadas à organização e ao controle. Segundo Dornelas (2003), algumas características comuns aos empreendedores em geral são as seguintes:

- São visionários.
- Sabem tomar decisões.
- São indivíduos capazes de gerar diferencial.
- Sabem explorar ao máximo as oportunidades.
- São determinados e dinâmicos.
- São otimistas e apaixonados pelo que fazem.
- São dedicados.
- São independentes e constroem seu próprio destino.
- São líderes e formadores de equipes.
- São bem relacionados.
- São organizados.
- São pessoas que planejam.
- Possuem conhecimento.
- Assumem riscos calculados.
- Criam valor para a sociedade.

Uma das evidências de que as empresas estão mudando seu perfil em busca do empreendedorismo, da diferenciação e da inovação consiste nas oportunidades que dão a pessoas com o perfil mencionado, uma vez que a criatividade, ingrediente básico da inovação, está fortemente centrada na pessoa. Mais do que isso, empresas que desejam buscar a inovação devem promover a formação de líderes com esse perfil, uma vez que há, ainda hoje em dia, um forte preconceito sobre a capacidade de liderança das pessoas com tais características.

Mumford e Licuanan (2004) evidenciam conclusões de estudos realizados acerca do novo foco dado ao papel do líder no tocante à natureza e ao sucesso de iniciativas criativas, ressaltando a complexidade que atividades criativas apresentam, e analisando a natureza da liderança, as interações do líder com seus seguidores, o direcionamento efetivo de suas atividades, e as interações do líder com a organização. Os estudos podem fornecer subsídios para um trabalho de formação de líderes para empreendimentos criativos.

9.5 Experiência prática

A sucinta base teórica apresentada tem por objetivo evidenciar as dificuldades encontradas na condução de um projeto de pesquisa e desenvolvimento, do programa da ANEEL, realizado com equipe própria da concessionária. Deve-se notar que, contrariamente à sua estrutura de apresentação, este trabalho tomou por base primeiramente as dificuldades encontradas na prática e, como segundo passo, a fundamentação teórica que pudesse formar juntamente com a experiência prática um estudo com reais contribuições às concessionárias que buscam a inovação.

A motivação mais importante para se realizar um projeto de P&D do programa ANEEL com equipe própria da concessionária é aquela expressa por Carvalho (2006a) e também por outros cientistas: "A capacidade de gerar renda é proporcional à capacidade de inovação tecnológica". No atual cenário em que as concessionárias do setor elétrico se encontram, essa motivação é extremamente importante, e deve ser absorvida pela direção da unidade de negócio envolvida ou, preferencialmente, pela alta gerência, tornando-se uma estratégia corporativa.

A ênfase nas atividades do dia a dia, ou seja, nas atividades de rotina, na observância das regras que permeiam o processo produtivo, faz com que um projeto de P&D seja visto pelos gestores de processos como um empecilho ao suposto correto funcionamento das atividades profissionais. Mais do que isso, em tal ambiente, a equipe executora do projeto de P&D é vista como rebelde, por não se enquadrar nas diretrizes implementadas e controladas pelos gestores de processos. Isso ocorre por dois motivos:

- A falta de experiência e de visão das pessoas que gerenciam os processos no que diz respeito a atividades que não devem nem podem ser controladas da maneira tradicional.
- A falta de uma estratégia no nível hierárquico superior, podendo ser corporativa ou da unidade de negócio envolvida, que possibilite, fomente e defenda perante forças opositoras as iniciativas de caráter inovador.

As consequências dessa falta de visão no tocante à inovação e ao caráter das atividades a ela relacionadas são impactantes. Uma das mais importantes consiste na baixa prioridade em relação às tarefas do dia a dia, consideradas mais importantes ou mesmo essenciais. Com isso, os profissionais se sentem pressionados, abrindo mão de cumprir o tempo de dedicação previsto no projeto de P&D. O gerente de projeto, papel desempenhado pelo coordenador de pesquisa, de acordo com a nomenclatura do programa de P&D da ANEEL, deve ter muita habilidade para constantemente negociar o envolvimento dos profissionais no projeto. A arma mais eficaz nessa questão, perante os gerentes de recursos, é o compromisso que a concessionária tem de cumprir o que foi estabelecido pela ANEEL, e a ameaça de multa pelo não cumprimento das atividades de P&D.

Devido à baixa prioridade dada pela gerência da unidade de negócio e da alta gerência, o gerente do projeto se depara com dificuldades relacionadas a recursos de infraestrutura, tais como salas para reunião e laboratório e também equipamentos. Isso exige do gerente desenvoltura, rapidez e agilidade para lidar com situações emergenciais relacionadas à falta de recursos e de infraestrutura.

Em um ambiente onde reina a preocupação exclusiva com as atividades do dia a dia, investimentos em infraestrutura essenciais para projetos que envolvem o conhecimento e acesso à literatura científica são mínimos, quando existentes. Atualmente, fontes de literatura importantes estão cada vez mais acessíveis. Não há como investir no conhecimento como forma de adquirir diferencial sem que haja acesso a tais fontes literárias, possibilitando que subsídios científicos sejam alcançados na execução de projetos de P&D.

Uma motivação muito importante sob o ponto de vista pessoal dos profissionais envolvidos é a potencial oportunidade de adquirir qualificação, por meio da adesão a programas de pós-graduação, que tragam benefícios para sua carreira junto à empresa. O programa de P&D da ANEEL encara a oportunidade de qualificação de profissionais como um resultado adicional de projetos, fomentando a excelência nas linhas de pesquisa de interesse.

Entretanto, mecanismos formais de seleção e aprovação de cursos de pós-graduação na empresa podem prejudicar o andamento do projeto e trazer sérias consequências aos seus resultados se não houver flexibilidade na gestão da empresa para lidar com a questão de maneira adequada, livrando as iniciativas inseridas no projeto de certas formalidades internas que as possam prejudicar. Deve-se levar em consideração que, uma vez que um projeto de P&D tenha sido selecionado pela concessionária e aprovado pelo programa da ANEEL, qualificações obtidas como resultados adicionais do projeto estarão automaticamente bem justificadas perante a corporação, tendo inclusive seus custos cobertos pelo programa.

Um outro requisito muito importante para a execução de projetos de P&D nas concessionárias é recriar na metodologia de trabalho uma postura empreendedora, com base na criatividade, inovação e no conhecimento. Os profissionais da área, atualmente, acostumaram-se com o método tradicional de desenvolvimento de projetos, que se mostra completamente inadequado ao desenvolvimento de um projeto de P&D. É necessária uma quebra do paradigma vigente, para que os profissionais possam se libertar das amarras impostas pelo processo tradicional.

Um dos mecanismos que fomentam a criatividade é a realização de sessões de discussão em que as pessoas podem e devem lançar ideias sem se importar, pelo menos momentaneamente, com sua factibilidade. Os profissionais são estimulados a imaginar soluções ou cenários mesmo que estes pareçam impossíveis. No desenvolvimento do projeto que deu origem a este trabalho, tais sessões de discussão foram realizadas em fases distintas. Foi possível constatar, quando das primeiras sessões, a dificuldade que os profissionais têm para imaginar soluções e cenários e para trabalhar com métodos que fogem à estrutura tradicional. A criatividade exige uma postura livre de conceitos e métodos preestabelecidos, que permita aos profissionais imaginar soluções e criar novos métodos.

9.6 Lições aprendidas

Apesar das dificuldades inerentes a um ambiente em que não há foco na inovação, o projeto de P&D que deu origem a este trabalho foi bem-sucedido, trazendo grandes benefícios tanto à área de aplicação como em termos de influência em outros projetos correlacionados.

Seus maiores resultados foram a adoção da tecnologia multiagentes no sistema de supervisão e controle de subestações e um modelo de operação que contempla entidades organizacionais virtuais, que proveem grande flexibilidade e ao mesmo tempo permitem uma estruturação adequada em termos de organização, hierarquização, segurança e apresentação.

Além disso, o projeto gerou três artigos científicos. Um deles (de Geus, 2006a) foi publicado no Simpósio Brasileiro de Sistemas Elétricos (SBSE) de 2006, outro no periódico Espaço Energia (de Geus, 2006b) e um terceiro em uma conferência internacional realizada em Sydney, Austrália (de Geus, 2006c), em novembro de 2006, publicado pela *IEEE Computer Society USA*.

Possíveis métodos de abordar as dificuldades inerentes às condições de ambiente de trabalho impostas pela gestão tradicional vigente atualmente nas concessionárias no que tange ao desenvolvimento de projetos de inovação e, em particular, de P&D, são os seguintes:

- Postura criativa: realização de laboratórios de criatividade ou sessões de discussão e ideias, com o objetivo de gradativamente mudar a postura dos profissionais, quebrando as amarras na maneira metódica de pensar imposta pela gestão tradicional, e fomentando a geração de ideias criativas.
- Apoio da direção da unidade de negócio ou da alta gerência: fundamentação com base em literatura científica, com evidenciação de resultados, visando ao investimento com vistas ao futuro de médio e longo prazos; apresentações que demonstrem a base científica e evidenciem a importância da criatividade e, em particular, de P&D nas concessionárias; elaboração de artigos que sejam publicados em canais frequentemente acessados pela alta gerência.
- Priorização de projetos de P&D: estabelecimento de mecanismos que possibilitem avaliar e evidenciar com maior clareza os benefícios trazidos

por projetos de P&D, para que possam receber o tratamento adequado no processo de priorização.
- Recursos de infraestrutura: capacitação do gerente do projeto com vistas a obter habilidade em negociação de recursos em que a situação seja inerentemente adversa. Apresentação, com motivações e justificativas explícitas, e formalização dos recursos envolvidos no desenvolvimento do projeto perante a direção da unidade de negócio ou a alta gerência, tornando o projeto um compromisso da empresa.
- Literatura científica: investimento no conhecimento, por meio da assinatura de literatura científica e adesão a outras iniciativas que fomentem a geração e a disseminação de conhecimento especializado.
- Qualificação de profissionais: deve-se ter maturidade na gestão empresarial para considerar a qualificação obtida como resultado adicional de projetos de P&D como estratégica, uma vez que todo o seu contexto advém da estratégia da corporação ou da unidade de negócio que viabilizou o projeto.
- Priorização/cumprimento do tempo de dedicação por parte dos integrantes do projeto: esta é uma questão não concretamente evidenciada, mas que deve ser abordada pelo gerente do projeto com desenvoltura, investindo na motivação dos integrantes, por meio de desafios baseados em conhecimento, resultados em termos de publicações e divulgação de resultados em canais acessados pela gerência. Além disso, o gerente do projeto deve ser constantemente persuasivo, com vistas a convencer os integrantes do projeto a se dedicarem às suas tarefas.
- Modelo de gestão: o gerente do projeto deve ter desenvoltura para, quando necessário, persuadir os gestores de processos de que suas atividades têm um caráter diferente que não é pertinente aos processos estabelecidos pela empresa, e cujas atividades seguem uma metodologia que exige maior flexibilidade. O gerente do projeto ou do programa deve criar um mecanismo para que a gestão do projeto de P&D seja executada em um ambiente paralelo àquele das tarefas rotineiras.

Crônicas corporativas

Remando contra a correnteza

Um dia eu vi um artigo na revista The Economist sobre os empreendedores brasileiros. O autor dizia que se você estivesse sentado a uma mesa no Sushi Bar, em São Paulo, não iria demorar para escutar, vinda de uma mesa vizinha, uma discussão sobre como iniciar um empreendimento para produzir energia a partir de alguma planta inusitada, ou então alguma ideia original para livrar a classe média do país de seus baixos salários.

O Brasil realmente não carece de pessoas inovadoras e empreendedoras. Segundo um estudo feito por uma instituição de renome, os empreendedores brasileiros apresentam um comportamento bem diferente de seus companheiros da Rússia e da China. A principal diferença entre os empreendedores desses países é que os brasileiros aparentam ter um apetite bem menor a riscos.

O estudo se aprofunda para averiguar o porquê dessa característica peculiar do empreendedor brasileiro, chegando à conclusão de que o motivo consiste no fato de que esses empreendedores correm em sua vida de negócios riscos muito maiores do que aqueles que vivem nos outros dois países, ou em qualquer outro lugar do planeta.

Começar um negócio no Brasil leva 152 dias e requer 18 processos diferentes. Um negócio de médio porte necessita de 2.600 horas de trabalho para pagar seus impostos anuais. O mesmo tipo de negócio pagaria 69% de seu lucro em impostos no segundo ano.

O que determina o bom empreendedorismo no Brasil é a habilidade de navegar pela burocracia. Eduardo Gianetti da Fonseca, entrevistado pela revista, diz, ao final, que, se o Bill Gates tivesse começado a Microsoft em uma garagem no Brasil, ela estaria ainda hoje na garagem. O artigo é concluído com a seguinte frase: "Mais difícil de entender por que os empreendedores brasileiros são como são é entender por que eles, afinal de contas, existem".

Ao terminar de ler esse artigo, eu não sabia se devia ficar feliz ou se triste e preocupado. Talvez eu devesse ficar feliz. Por quê? Ora, é fato notório que o Brasil, apesar de toda sua potencial criatividade, não produz inovação como poderia. O motivo para isso poderia ser mais grave, por exemplo, a falta de imaginação de nossos profissionais, ou a falta de disposição em empreender.

Mas não é isso, felizmente. O problema é cultural. Tudo bem, problemas culturais levam tempo para ser resolvidos, mas podem ser resolvidos. Basta atitude.

A pergunta que permanece é: Quando o país vai acordar e perceber que sua atitude autofágica o está destruindo aos poucos? Existe algo pior do que ter potencial e não saber aproveitá-lo?

Os métodos governamentais devem ser urgentemente revistos. Nossa postura deve mudar. Precisamos entender que, para se empreender, abre-se mão de certo conforto inicial, corre-se um risco que pode ser significativo, mas com o tempo os frutos poderão ser colhidos. A lei brasileira não foi feita para a inovação.

As agências de fomento à inovação precisam experimentar outros caminhos. Seus gestores precisam compreender que o processo de criação é mais de imaginação do que de organização, e que o processo de inovação tem aí o seu princípio. É preciso diminuir o controle, a burocracia, e premiar as ideias inéditas, assim como os resultados inovadores.

Mas não é só o governo e suas instituições que devem mudar. O método de gestão adotado pela maioria das empresas brasileiras tem sua herança na revolução industrial, e está atrasada mais do que o país pode suportar. É hora de acordar. É hora de mudar.

10 O futuro: revendo nossos próprios conceitos

Para que uma empresa conquiste um perfil empreendedor e inovador, é necessário rever alguns conceitos importantes. Além de criar um novo ambiente de trabalho, com base nos princípios discutidos ao longo deste livro, deve-se rever a postura relacionada à liderança. É comum, por exemplo, presenciarmos discussões, no ambiente empresarial, a respeito do perfil das pessoas, se elas têm ou não potencial para assumir um cargo de gerência. É justamente esse parâmetro que deve ser questionado, pois na cultura da gestão industrial, ser gerente significa saber controlar atividades e pessoas.

Em um ambiente inovador, a principal característica almejada para um dirigente é ser verdadeiramente um líder. Para ser líder, é necessário ter competência, conhecimento, capacidade de coordenar, poder de questionamento, senso crítico, enfim, saber liderar. A criatividade na vida de um dirigente pode fazer toda a diferença, uma vez que, estando na liderança, determina o rumo de seus empreendimentos, sua natureza, sua capacidade inovadora, podendo desenvolver um ambiente propício à criatividade e ao empreendorismo.

Relembrando o que Austin e Devin (2003) defendem, e que foi relatado no capítulo 6:

> *Quanto mais os negócios se tornam dependentes do conhecimento para criar valor, mais o trabalho se torna parecido com a arte. No futuro, gerentes que compreendem como artistas trabalham terão uma boa vantagem sobre aqueles que não compreendem. Aliás,*

no século 21, um gerente que, para ser efetivo, precisa estar munido de objetivos claros e especificações detalhadas de processos é apenas metade de um gerente. Por sinal, a metade que falta é a metade mais importante.

À medida que as pessoas criativas com capacidade de liderança forem reconhecidas como potenciais gerentes ou dirigentes, o mundo empresarial do país mudará e assimilará um novo perfil, qual seja, o perfil voltado à criatividade e consequentemente à inovação. Isso poderá trazer à sociedade e ao país uma nova dimensão, proporcionando desenvolvimento, evolução e riquezas. Entretanto, enquanto as altas gestões de empresas pensarem segundo o modelo tradicional, focando basicamente o controle, estaremos fadados a seguir aquilo que já foi feito, que já foi inventado por alguém, a comprar e não vender, a gastar dinheiro e não fazer dinheiro.

Por outro lado, há a contrapartida das pessoas criativas que se recusam a preencher uma vaga de gerência, uma vez que o perfil gerencial existente não condiz com a natureza de seu perfil profissional. Como um dirigente da empresa, em seu modelo de gestão tradicional, essa pessoa não poderá realizar seus empreendimentos e acumulará frustrações. É necessário mudar a cultura, tanto a gestão das empresas como a postura das pessoas criativas. Elas devem encarar uma oportunidade gerencial como uma ferramenta para a criação de valor para a empresa.

Essa mudança de postura em relação a papéis gerenciais é necessária para que o potencial empresarial e tecnológico brasileiro possa se sobressair. Sem isso, todos os esforços, todos os fomentos, todas as iniciativas estarão fadadas ao fracasso. Quando o potencial criativo brasileiro alcançar o poder e a liderança das empresas, o país começará verdadeiramente a despontar como país emergente. Se essa postura subsistir, sua posição de emergente permanecerá apenas por um breve período de tempo. O país passará a figurar entre os países de ponta tão logo quanto seja capaz de concretizar seu potencial.

Em países tecnologicamente avançados, as empresas de ponta têm em seus cargos de liderança pessoas com vasta experiência profissional, com conhecimento especializado, muitas delas com significativas titulações acadêmicas. Em contrapartida, os papéis de liderança, na maior parte de nossas empresas, são exercidos por profissionais ainda imaturos, que acabaram de se graduar, e designados para o cargo simplesmente por exibir um desejável perfil controlador. Essa é sem dúvida uma grande diferença cultural.

O abismo existente entre a academia e a indústria no Brasil é causado por diversos fatores, muitos deles culturais. No lado acadêmico, ainda prevalece a postura da pesquisa puritana, em que o pesquisador sequer cogita trabalhar ao lado da sociedade menos qualificada, que pensa apenas no lucro empresarial. No lado industrial, prevalece a cultura de gestão baseada na revolução industrial, no controle exacerbado e na total aversão ao risco, e que considera o mundo acadêmico como algo completamente desconectado da realidade. Qual deles tem razão? Em certa medida, provavelmente os dois. Nesse cenário, a aproximação entre os dois mundos exige um grande esforço, pois ambos devem construir juntos a ponte cultural que vai permitir a realização de um empreendimento de valor. Assim, a academia encontrará o caminho para que seu trabalho científico traga valor prático para a sociedade, e a indústria passará a semear empresas de ponta, fomentadoras do conhecimento e do desenvolvimento, que não se resignam a ser entidades puramente operacionais, assumindo assim um papel mais importante perante a sociedade.

O planejamento empresarial é feito por pessoas. Isso significa que a maturidade, a capacidade e a criatividade de pessoas podem influir muito no resultado dessa tarefa. Na figura 10.1, cada seta representa uma atividade ou iniciativa de uma empresa fictícia. As diferentes direções das setas representam a diversidade de seus direcionamentos. Em (a), não há na empresa um planejamento explícito quanto à natureza das diversas iniciativas. Nota-se que algumas atividades interferem em outras (setas que se cruzam). Em (b), a gestão da empresa força a adoção de iniciativas com um determinado direcionamento. Isso pode se dar por meio de um corpo gerencial homogêneo, ou seja, constituído de pessoas com o mesmo perfil e alinhado com a filosofia da empresa. Como resultado, a empresa pode ser impedida de questionar direcionamentos e de considerar caminhos alternativos. Em (c), a diversidade de direcionamentos é preservada, porém as iniciativas formam um todo coeso, com um direcionamento geral específico. Dessa forma, a empresa pode saber para onde está indo e ao mesmo tempo questionar outros caminhos, estando atenta a novas oportunidades e a potenciais ameaças em sua rota de desenvolvimento.

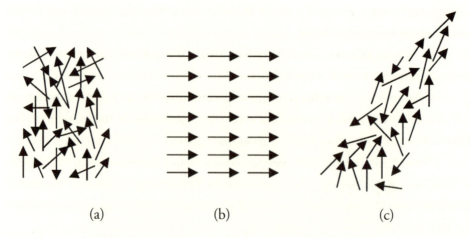

Figura 10.1 *Planejamento empresarial e direcionamento de atividades: (a) Não há um planejamento definido; (b) Planejamento engessado onde todas as atividades têm que ter direcionamento predefinido; (c) Planejamento com diversidade de direcionamentos nas atividades, porém formando um todo coeso, com direcionamento definido.*

Os relatos de Ricardo Semler (2006), nos livros que publicou, que contam um pouco a história de como sua empresa mudou a maneira de gerenciar sua vida e seus negócios, enfatizam o lado humano da corporação. Seu mérito reside no fato de tornar a vida profissional das pessoas, e consequentemente sua vida como um todo, mais digna, mais agradável, enfim, mais humana. Seus relatos nos fazem crer que ele realmente acredita que a razão fundamental da existência de uma empresa é a vida daqueles que a fazem, e não (apenas) o lucro dos seus investidores. Com isso, ele ganha produtividade, uma vez que as pessoas estão motivadas. Quase todas as iniciativas relatadas são baseadas na criatividade das pessoas, focadas principalmente no ambiente de trabalho, produzindo, segundo ele, uma maneira mais justa de administrar uma empresa.

Mas e as inovações técnicas que sua empresa produz? Basta uma simples busca na internet por patentes para se chegar à conclusão de que o impacto da metodologia da empresa é muito mais abrangente do que o que foi relatado até agora em seus livros. Entretanto, parece haver uma lacuna no que concerne ao conhecimento produzido, uma vez que as patentes não são acompanhadas por publicações técnicas ou científicas. É bom lembrar que uma estratégia voltada ao capital intelectual não exclui a outra. Pode-se muito bem gerar publicações e patentes simultaneamente. Aliás, quando um inventor publica seu invento na forma de um artigo técnico ou científico, é-lhe assegurado o direito de patenteá-lo no prazo de um ano a partir da publicação.

É necessário, portanto, ter atenção quanto a todos os aspectos da inovação e do capital intelectual, pois investir neles pode gerar muitos frutos, dividendos, benefícios, evolução e desenvolvimento.

Atualmente, a maior parte das empresas adota uma retórica que aparentemente favorece as iniciativas voltadas à criatividade, à inovação, ao capital intelectual e à valorização das pessoas. Entretanto, as práticas adotadas por elas são completamente antagônicas relativamente à sua retórica.

Um grupo de hienas questionou sua posição na hierarquia da floresta, e decidiu que deveria melhorá-la. Elas tomaram como foco a elegância e a imponência do rei da floresta, o leão. Depois de muito discutir sobre as ações para realizar seu empreendimento, resolveram adotar medidas práticas que lhes permitissem adquirir pelo menos algumas características do rei da floresta e melhorar sua imagem perante os outros animais.
Elas estão hoje deixando a juba crescer, e estabeleceram metas de crescimento para períodos regulares de tempo. Elas até conseguem se iludir, por meio de indicadores definidos para avaliar os resultados parciais obtidos, tendo a convicção de que seu empreendimento é bem-sucedido. E continuam se alimentando de carne podre.

Algumas empresas, em seu modelo de gestão, agem como as hienas. Elas buscam a posição de empresas líderes tentando implementar ações desconexas, sem, entretanto, internalizar a cultura na qual se baseiam as ações que levaram as empresas líderes a atingir sua posição de destaque. Talvez seja por isso que muitas empresas buscam hoje "implantar a gestão do conhecimento", por exemplo.

As atividades baseadas no conhecimento e na criatividade não nascem por decreto. Elas são fruto de uma cultura baseada na liberdade de pensamento, na experimentação, na sinergia entre as pessoas. Decretar a implantação de uma parceria estratégica para projetos inovadores, por exemplo, não pode se dar simplesmente porque se decidiu fazer a parceria, pois esse tipo de empreendimento se dá no nível da sinergia entre mentes pensantes. A gestão controladora pode até tentar medir os resultados obtidos na implantação (por decreto) de uma iniciativa dessa natureza, mas seus indicadores refletem engano. As empresas geridas pelo modelo industrial acham que podem alcançar resultados que empresas inovadoras alcançam. Jubas não nascem em hienas, e medir o resultado do empreendimento *"deixar a juba crescer na hiena"* não faz sentido algum.

Em outras palavras, essas empresas buscam produzir sintomas antes de mudar sua cultura. Mais do que isso, desperdiçam seu tempo e esforço medindo o desempenho de iniciativas equivocadas. Estabelecer indicadores baseados no modelo tradicional de gestão nesse contexto constitui uma ilusão, e certamente não demonstrará resultado prático algum.

Não adianta tentar produzir sintomas sem mudar radicalmente a cultura, assim como não se pode esperar que hienas criem jubas. A perpetuação de seu costume de se alimentar de carne podre evidencia o fato de serem simples hienas, e não imponentes leões.

Para finalizar, a guinada na metodologia de gestão necessária para fazer o país despontar como potência pode ter como base os seguintes passos:

1. Rever o conceito daquilo que é esperado de um dirigente, focando mais a capacidade de liderança empreendedora e menos o controle. Na verdade, deve-se atingir um equilíbrio entre esses dois caracteres (empreendedorismo e controle) para que a empresa adquira uma postura saudável, mas com um foco de inovação.
2. Rever o conceito quanto a riscos, com o objetivo de absorver os riscos inerentes a projetos de inovação de forma natural. Uma estratégia saudável pertinente à absorção de riscos é a elaboração de uma carteira de empreendimentos para que a possível falha de um deles não implique consequências graves.
3. Perceber que a estética tem um papel importante nas atividades empresariais, por fazer parte da almejada harmonia do produto final. Pessoas criativas têm uma percepção diferenciada da estética, o que pode trazer grandes benefícios para os negócios da empresa e para a sua gestão.
4. Tomar consciência de que organização e criatividade andam em caminhos opostos, e que o ambiente favorável a um é, via de regra, desfavorável

ao outro. Deve-se, portanto, em vez de primar pela organização, preconizada há muito tempo pelas organizações, determinar o equilíbrio entre ambos, ou, quem sabe, flexibilizar a questão para que cada área da empresa determine o ponto de equilíbrio mais adequado às suas funções.

5. Criar um ambiente propício à geração de ideias, e que estas sejam usadas no desenvolvimento de empreendimentos inovadores. Esse ambiente deve ser imune à rotulação de qualquer ideia como absurda ou desprovida de valor, e também deve ser baseado na sinergia entre "mentes pensantes".
6. Criar mecanismos para que os valores explícitos e subjacentes trazidos por um projeto inovador sejam de alguma forma divulgados e assimilados pela organização, não obstante o fato de que muitos deles tenham caráter qualitativo e subjetivo. Devem-se enxergar, da maneira mais clara possível, os resultados obtidos por tal projeto.
7. Redefinir a cultura de interação entre os diversos "*players*" da inovação, dado que o comportamento brasileiro no que concerne ao relacionamento indústria-academia ainda é por demais dicotômico. Essa é uma das principais razões pelas quais o país ainda não despontou como um líder em termos de inovação. A academia deve se aproximar da indústria e a indústria da academia. Quando isso acontecer, será o amanhecer de um novo tempo.

Ressoa em nossos ouvidos a frase
"Não podemos reinventar a roda".
Fica a pergunta:
Será que a roda, do jeito que é,
representa a melhor alternativa?
Hoje, parece que sim,
mas, no futuro, quem sabe?

11 Referências

12manage. Management Communities. http://www.12manage.com/methods_pmi_pmbok.html. Acessado em março de 2008.

ABRAHAMSON, E.; FREEDMAN, D. *A perfect mess*. London: Little, Brown and Company, 2007.

AHAMED, S. V.; LAWRENCE, V. B. *The art of scientific innovation* – cases of classical creativity. New Jersey: Pearson Prentice Hall, 2005.

AMABILE, T. How to kill creativity. Boston: *Harvard Business Review*, 76 (5): p. 76-87, 1998.

ANDREASSI, T.; SBRAGIA, R. Relações entre indicadores de P&D e de resultado empresarial. São Paulo: *Revista de Administração USP*, 37 (1), 2002. http://www.rausp.usp.br/busca/artigo.asp?num_artigo=1040.

ANDRIOPOULOS, C.; LOWE, A. Enhancing organizational creativity: the process of perpetual challenging. Bingley: *Management Decision*, 38, p. 474-734, 2000.

ANPEI – Associação Nacional de Pesquisa, Desenvolvimento e Engenharia das Empresas Inovadoras. Indicadores de Inovação – Inovação é um Bom Negócio. São Paulo: *Revista Nei*, 2007. http://www.nei.com.br/artigos/verArtigo.aspx?id=58.

ANSOFF, I.; STEWART, J. M. Strategies for a technology-based business. Boston: *Harvard Business Review*, p. 71-83, novembro/dezembro, 1967.

AURÉLIO BUARQUE DE HOLLANDA FERREIRA. *Novo Dicionário Aurélio da Língua Portuguesa*. 3ª edição. Curitiba: Positivo Editora, 2004.

AUSTIN, R.; DEVIN, L. *Artful making*: what managers need to know about how artists work. New Jersey: FT Prentice Hall, 2003.

BARNEY, J. Firm resource and sustained competitive advantage. Portland: *Journal of Management*, nº 17, p. 99-120, 1991.

_____. Resource-based theories of competitive advantage: a tem-year retrospective on the resource based view. *Journal of Management*, nº 27, p. 643-650, 2001.

BRADWAY, M. K. Understanding the role orientations of scientists and engineers. *Personnel Journal*, nº 35, p. 449-454, 1971.

CARVALHO, R. Q. País ainda é mero seguidor de tendências. São Paulo: *Valor Econômico*. Por Clayton Levy, 11 de dezembro de 2006a.

_____. *Curso: Gestão da inovação*. ANPEI – Associação Nacional de Pesquisa, Desenvolvimento e Engenharia das Empresas Inovadoras, 2006b.

CHALUPSKY, A. B. Incentive practices as viewed by scientists and managers of pharmaceutical laboratories. *Personnel Psychology*, nº 6, p. 385-401, 1953.

COLLINS, M. A.; AMABILE, T. Motivation and creativity. In R. J. Sternberg (Ed.), *Handbook of creativity*, p. 297-312. Cambridge Univ. Press, 1999.

CONAN, J. B. *Scientists, inventors, and executives chemical and engineering news*, p. 2262-2264, 1951.

CONSELHO NACIONAL DE DESENVOLVIMENTO CIENTÍFICO E TECNOLÓGICO (CNPq). http://dgp.cnpq.br/censos/perguntas/perguntas.htm#15. Acessado em julho de 2008.

D'ÁVILA, M. *PMBOK e gerenciamento de projetos*. http://www.mhavila.com.br/topicos/gestao/pmbok.html. Acessado em agosto de 2006.

DE GEUS, K.; DOMETERCO, J. H. Visualização qualitativa em engenharia utilizando realidade virtual. *Espaço Energia Revista técnico-científica da área de energia*, nº 1, outubro de 2004.

_____ et al. Tecnologia multiagentes e um modelo para automação distribuída de subestações. *SBSE – Simpósio Brasileiro de Sistemas Elétricos*, Campina Grande, julho de 2006a.

_____. Um modelo distribuído de automação de subestações baseado em tecnologia multiagentes. *Espaço Energia – Revista técnico-científica da área de energia*, outubro de 2006b.

_____. *A distributed model for electrical substation automation based on multi-agents technology*. International Conference on Computational Intelligence for Modelling, Control and Automation – CIMCA06 jointly with International Conference on Intelligent

Agents, Web Technologies and Internet Commerce – IAWTIC06. Published by IEEE Sydney, Australia: Computer Society USA, 2006c.

DORNELAS, J. C. A. *Empreendedorismo corporativo:* como ser empreendedor, inovar e se diferenciar em organizações estabelecidas. Rio de Janeiro: Elsevier, 2003.

DUDECK, S. Z.; HALL, W. B. Personality consistency: eminent architects 25 years later. *Creativity Research Journal*, nº 4, p. 213-232, 1991.

EDLER, J.; MEYER-KRAHMER, F.; REGER, G. *Changes in the strategic management of technology: results of a global benchmarking study.* R&D Management, nº 32, p. 2, 2002.

EDWARDS, D. *Artscience:* creativity in the Post-Google generation. Harvard University Press, janeiro, 2008.

ENSOR, J.; COTTAM, A.; BAND, C. Fostering knowledge management through the creative work environment: a portable model from the advertising industry. *Journal of Information Science*, Vol. 27, nº 3, p. 147-155, 2001.

Entrepreneurs in Brazil: Betting the Fazenda. *The Economist*, Vol. 386, nº 8570, 8th-14th March, 2008.

FREEMAN, C. Innovation and the strategy of the firm. In: FREEMAN, C. *The economics of industrial innovation*. Harmondsworth: Penguin Books, p. 224-88, 1974.

FURTADO, A.; QUEIROZ, S. *A construção de indicadores de inovação.* http://www.inova.unicamp.br/site/06/download/artigos/artigoconstrucaodeindicadoressergio.pdf, 2005.

GOULDER, A. W. *Cosmopolitans and locals: toward an analysis of latent social roles.* Administrative Science Quarterly, nº 2, p. 444-480, 1958.

HARREL, A. M.; STAHL, M. J. A behavioral decision theory approach for measuring McClelland's trichotomy of needs. *Journal of Applied Psychology*, nº 66, p. 242–247, 1981.

JARDIM, P. E. V. *Uma contribuição teórica para a utilização do pensamento complexo na formulação estratégica.* Dissertação de Mestrado Profissionalizante. Rio de Janeiro: Faculdades Ibmec, 2006.

JUNG, D. I. Transformational and transactional leadership and their effects on creativity in groups. *Creativity Research Journal*, nº 13, p. 185-197, 2001.

KASAP, D.; ASYALI, I. S.; ELCI, K. *Risk management in R&D projects, management of engineering and technology.* USA: Portland, OR, 2007.

KASOF, T. Creativity and breadth of attention. *Creativity Research Journal*, nº 10, p. 303–317, 1997.

LEE, Y.; CHUNG, D.; KIM, Y. Public R&D risk and risk management policy. *Proceedings of World Academy of Science*, Engineering and Technology. Vol. 25, novembro, 2007.

MATHESON, D.; MATHESON, J. *The smart organization:* creating value through strategic R&D. Harvard Business School Press. Boston, Massachusetts, 1998.

MILES, R. .E.; SNOW, C. C. *Organizational strategy, structure and process.* New York: McGraw-Hill, 1978.

MILLER, W.; MORRIS, L. *4th generation R&D* – Managing knowledge, technology, and innovation. John Wiley & Sons, 1999.

MINISTÉRIO DA CULTURA. Governo do Brasil. Lei Rouanet. http://www.cultura.gov.br/apoio_a_projetos/lei_rouanet/

MORIN, E. *Introducción al pensamiento complejo.* 1ª ed. Barcelona: Gedisa Editorial, 1990.

MUMFORD, M. D.; SCOTT, G. M.; GLADDIS, B.; STRANGE, J. M. Leading creative people: orchestrating expertise and relationships. *The Leadership Quarterly*, nº 13, p. 705-750, 2002.

MUMFORD, M. D.; LICUANAN, B. Leading for innovation: conclusions, issues, and directions. *The Leadership Quarterly*, nº 15, p. 163-171, 2004.

NAKANO, D. N. *Uma comparação entre tipos de estratégia tecnológica de oito empresas brasileiras*, 1997. http://www.abepro.org.br/biblioteca/ENEGEP1997_T5213.PDF

NAKANO, Y. Opinião – Pasta Telecomunicações. São Paulo: *Valor Econômico*, 8/5/2007.

ORGAN, D. W.; GREEN, C. N. The effects of formalization on professional involvement: a compensatory process approach. *Administrative Science Quarterly*, nº 26, 237-252, 1981.

PELZ, D. C.; ANDREWS, F. M. Autonomy, coordination, and simulation in relation to scientific achievement. *Behavioral Science*, nº 12, 89-97, 1966.

PORTER, M. *Competitive strategy:* techniques for analyzing industries and competitors. New York: The Free Press, 1980.

———. Da vantagem competitiva à estratégia corporativa. In: C Montgomery, M. Porter. *Estratégia: A Busca da Vantagem Competitiva*. Rio de Janeiro: Campus, p. 237-270, 1998.

———. Como as forças competitivas moldam a estratégia. In: C Montgomery, M. Porter. *Estratégia: A busca da Vantagem Competitiva*. Rio de Janeiro: Campus, p. 11-27, 1998.

PROJECT MANAGEMENT INSTITUTE. http://www.pmi.org. Acessado em março de 2008.

QUINN, J. B. *Technological innovation, entrepreneurship, and strategy.* In M. L. Tushman, C. O'Reilly, & D. A. Adler (Eds.). The Management of Organizations, p. 549-581. New York: Harper and Row, 1989.

ROSTAN, S. M. A study of young artists: the emergence of artistic and creative identity. *Journal of Creative Behavior*, nº 32, p. 278-301, 1998.

SEMLER, R. *Você está louco! Uma vida administrada de outra forma.* Rio de Janeiro: Rocco, 2006.

SIMONTON, D. K. *Genius, creativity, and leadership*: historiometric inquiries. Cambridge, MA: Harvard Univ. Press, 1984.

STACEY, R. *Complexity and creativity in organizations.* Berrett-Koehle Publishers, Inc., 1996.

TAVARES, P. V.; KRETZER, J.; MEDEIROS, N. Economia neoschumpeteriana: expoentes evolucionários e desafios endógenos da indústria brasileira. *Revista Economia Ensaios*, Vol. 19, nº 3, 2005, dezembro 2005. http://www.ie.ufu.br/revista/sumario/artigos/6_Paulino_et_al.pdf

THE ART INSTITUTE OF CHICAGO. Adaptado de uma aula de autoria de Robert Eskridge intitulada "Exploration and the Cosmos: The Consilience of Science and Art", http://www.artic.edu/aic/education/sciarttech/2a1.html, 2008.

THE NATIONAL ACADEMIES. *Advisers to the Nation on Science, Engineering and Medicine.* Beyond productive: information technology, innovation, and creativity, abril 2003.

THOMPSON, V. A. Bureaucracy and Innovation. Administrative Science Quartely, Vol. 10, nº 1. *Special Issue on Professionals in Organizations.* p. 1-20, junho 1965.

VERYZER, R. W. Jr. Discontinuous innovation and the new product development process. *Journal of Product Innovation Management*, 15, (4), p. 304-321, 1998.

WIKIPÉDIA. http://www.wikipedia.org.

WIPO Understanding Industrial Property. Publication Number 895 (E).

Sobre o Autor

Klaus de Geus nasceu em Londrina, Paraná, em 1962, e reside em Curitiba. É engenheiro eletricista pela Universidade Federal do Paraná – UFPR, mestre em ciência da computação pela Universidade de Manchester, Inglaterra, e doutor em ciência da computação pela Universidade de Sheffield, Inglaterra. É diretor da Faculdade de Ciências Exatas e de Tecnologia da Universidade Tuiuti do Paraná – UTP, gerente de programa de pesquisa e desenvolvimento na Companhia Paranaense de Energia – Copel e professor colaborador no Programa de Pós-Graduação em Métodos Numéricos, no Centro de Estudos de Engenharia Civil – CESEC, da UFPR. Gerencia e coordena projetos de pesquisa, e é membro de comitês de eventos internacionais na área de Computação Gráfica. É criador e editor da publicação "Espaço Energia – revista técnico-científica da área de energia" empreendida pela Copel. Nas horas vagas, se é que são vagas, é músico, compositor e artista plástico.

Esta obra foi composta em AGaramond, pela Set-up Time Artes
Gráficas e impressa pela Gráfica Editora Parma no outono de 2010